Peter Härtling
Krücke

Jubiläumsbibliothek
25 Jahre Beltz & Gelberg

Dagmar Chidolue *Lady Punk*
Peter Härtling *Krücke*
Henky Hentschel *Die Hunde im Schatten des Mandelbaums*
Josef Holub *Der rote Nepomuk*
Klaus Kordon *Die roten Matrosen oder Ein vergessener Winter*
Klaus Kordon *Mit dem Rücken zur Wand*
Klaus Kordon *Der erste Frühling*
Erwin Moser *Der Rabe Alfons*
Christine Nöstlinger *Maikäfer, flieg! / Zwei Wochen im Mai*
Leonie Ossowski *Die große Flatter*
Mirjam Pressler *Novemberkatzen*
Karla Schneider *Die Reise in den Norden*
Reinhold Ziegler *»Es gibt hier nur zwei Richtungen, Mister«*
Arnulf Zitelmann *Paule Pizolka oder Eine Flucht durch Deutschland*

Peter Härtling

Krücke

Roman

BELTZ
& Gelberg

Peter Härtling, geboren 1933 in Chemnitz, lebt in Walldorf/Hessen.
Er veröffentlichte Lyrik, Erzählungen, Romane, Essays.
Im Programm Beltz & Gelberg erschienen bisher
Das war der Hirbel, Oma, Theo haut ab, Ben liebt Anna, Sofie macht Geschichten, Alter John, Jakob hinter der blauen Tür, Und das ist die ganze Familie, Geschichten für Kinder, Fränze, Mit Clara sind wir sechs, das *Erzählbuch* (Peter-Härtling-Lesebuch), *Lena auf dem Dach* und zuletzt *Jette* (Auswahlliste Deutscher Jugendliteraturpreis).
Neben anderen Literaturpreisen erhielt er den Deutschen Jugendbuchpreis (1976) und den Zürcher Kinderbuchpreis (1980).

Der gleichnamige Spielfilm erhielt den Hessischen Filmpreis und wurde beim Deutschen Filmpreis 1993 mit drei Filmbändern in Gold ausgezeichnet.

Einmalige Sonderausgabe 1996

Programm Beltz & Gelberg, Weinheim

Einband- und Reihengestaltung Rotraut Susanne Berner
Gesamtherstellung
Druckhaus Beltz, 69494 Hemsbach
Printed in Germany
ISBN 3 407 79711 7

Ein paar Sätze zuvor: *Diese Geschichte spielt in den Jahren 1945 und 1946. In einer Zeit, als der von Adolf Hitler angezettelte Krieg zu Ende ging. Viele Städte lagen in Trümmern. Ungezählte Menschen hatten ihr Leben lassen müssen. Es war gefoltert und gemordet worden. Ganz in dem Sinn eines bösen Sprichworts: Der Mensch ist des Menschen Wolf. Der Mensch ist der unerbittliche Feind des Menschen.*

Ich habe mein Buch gegen dieses Sprichwort geschrieben. Es ist Krücke und Thomas gewidmet, die uns die Botschaft hinterließen, daß der Mensch auch des Menschen Freund ist.

Eine Tür ohne Haus

Die Frau saß auf der steinernen Türschwelle, das Kopftuch tief in die Stirn gezogen. Taschen und Bündel hatte sie neben sich aufgebaut wie einen Wall.

Was Thomas vor sich sah, war einfach verrückt, kaum zu glauben. Es sollte das Haus sein, nach dem er tagelang in Wien gesucht hatte. Von ihm war nichts übrig als der Türrahmen, in dem die Frau saß. Sie bewachte einen Eingang, der zu einem Trümmerhügel führte. Wahrscheinlich saß sie schon Ewigkeiten da.

Vielleicht spinne ich, dachte Thomas, und die Frau gibt es gar nicht. Ich bilde sie mir bloß ein.

Schritt für Schritt näherte er sich ihr. Es mußte das Haus Hellergasse 9 sein, in dem Tante Wanda gewohnt hatte. So hatte es ihm Mutter eingeprägt: Hellergasse 9. Vergiß es nicht! Nur gab's dieses Haus nicht mehr.

Er drückte den Brotbeutel gegen die Brust und wagte noch einen Schritt.

Entschuldigen Sie, ist das hier die Hellergasse neun?

Als die Frau den Kopf hob, sah er, daß sie gar nicht so alt war, sicher nicht älter als Mutter. Doch ihr Gesicht war sonderbar starr, und die Augen wirkten blind, als hätte sie lange in ein Feuer gesehen.

Hellergasse neun? fragte sie.

Ja, sagte er, hier soll meine Tante wohnen, Frau Wanda Watzlawiak.

Hier?

Ja, sagte Thomas und fügte leise hinzu: Da hat sie gewohnt.

Das kann sein, murmelte die Frau.

Haben Sie auch hier gewohnt? fragte er.

Wenn ich es wüßte, antwortete sie.

Es hatte keinen Sinn. Von ihr würde er keine Auskunft bekommen. Vielleicht würde er in der Nachbarschaft jemanden finden, der Bescheid wußte.

Er murmelte: Auf Wiedersehen, wollte gehen, da fing die Frau an, mit einer veränderten, hellen und freundlichen Stimme zu sprechen: Bist du allein, Junge?

Völlig überrascht kam Thomas gar nicht dazu zu schwindeln, wie er es in den letzten Wochen oft getan hatte.

Ja, antwortete er.

Deine Eltern? Deine Mutter?

Meine Mutter war plötzlich verschwunden. Ich hab sie verloren. Wir haben in Kolin lange auf den Zug gewartet. Als er dann kam, drängelten die Leute gemein, und jemand hielt mich fest. Die hätten mich beinahe umgetrampelt. Plötzlich war Mutter weg. Ich wußte nicht, ob ich mit dem Zug fahren sollte, bis mich jemand in den Wagen riß.

Er sah wieder die verzerrten Gesichter der Menschen vor sich, spürte Angst und Wut in sich hochsteigen und war nahe daran zu heulen.

Die Frau nickte, nahm eines der Bündel auf den Schoß, zeigte auf das freigewordene Stück Schwelle und forderte ihn auf, sich neben sie zu setzen.

Aber helfen werde ich dir nicht können, sagte sie.

Er zwängte sich zwischen die Frau und den Türrahmen, gab sich Mühe, sie nicht zu berühren. Sie sah ihn von der Seite an, zog das Kopftuch aus der Stirn.

Seit wann bist du allein?

Ich weiß nicht.

Er wußte es wirklich nicht. Eine Weile hatte er die Tage gezählt und manchmal Leute gefragt, was für ein Tag sei.

Auf jeden Fall war da noch Krieg, sagte er. Und jetzt ist Frieden.

Die Frau nickte. Ein schöner Frieden. Kein Dach überm Kopf. Nichts zu fressen.

Nach einer Pause fragte sie: Was hast du vor, wo willst du hin?

Er zog die Schultern hoch. Eigentlich wollte ich zu Tante Wanda.

Die Frau fing an zu lachen. Es war ein lautloses Lachen, das sie hin und her schüttelte und ihr Tränen aus den Augen trieb. Da sie eng nebeneinander saßen, konnte er dem stummen Gelächter nicht ausweichen, sondern wurde mitgerüttelt. Hätte die Angst ihn nicht festgehalten, wäre er lieber davongerannt.

Allmählich beruhigte sie sich, zog hörbar Luft ein, prustete: Nein, mein Junge, dieses »eigentlich« vergesse ich nicht. Das hast du mir geschenkt. Damit hast du mir unsere ganze beschissene Zeit erklärt: *Eigentlich* müßte ich jetzt zu Hause im traulichen Heim auf meinen Ehegatten, den Hauptmann Kruse, warten. *Eigentlich* sollte das Haus hier, in dem *eigentlich* deine Tante Wanda wohnt, noch stehen. *Eigentlich* sind wir beide, du und ich, überhaupt nicht vorhanden. *Eigentlich* müßte mir das Herz weich werden und ich dir sagen, Jungchen …

Sie sprach nicht zu Ende. Mit ihrem Ellenbogen schlug sie hart gegen seine Rippen, wandte den Kopf von ihm ab, sagte mit der alten rauhen Stimme, die sie am Anfang hatte: Hau ab! Deine Tante Wanda kannst du nicht ausbuddeln. Hier findest du niemanden mehr. Deine Mutter auch nicht. Solltest du Hunger haben, geh da vorne in das Haus, das zur Hälfte noch steht. In der Waschküche wird Suppe gekocht.

Thomas verstand sie nicht. Weshalb trieb sie ihn mit einem Mal weg? Er wäre sowieso gegangen. Nun behandelte sie ihn wie einen, der sie bestehlen wollte.

Ist ja gut. Auf Wiedersehen.

Er wand sich aus der Enge zwischen ihr und dem Türrahmen, richtete sich auf und blickte auf das Kopftuch. Sie hatte ihren Mann Hauptmann Kruse genannt. Auf Wiedersehen, Frau Kruse, sagte er.

Da hob sie den Kopf und lächelte zum ersten Mal. *Eigentlich* Frau Kruse, sagte sie, aber das war einmal. Sie klopfte mit ihrem Zeigefinger gegen seine Brust. Auf Wiedersehen, Junge. Iß dich da drüben satt. Sieh zu, daß du deine Mutter findest oder irgendwo einen Unterschlupf.

Es fiel ihm schwer, sich nicht nach ihr umzuschauen. Nun spürte er, wie müde und schwer seine Beine waren. Noch ein paar Schritte, spornte er sich an. Nur noch ein paar Schritte bis zu dem Haus da drüben. Vielleicht gibt's da wirklich was zu futtern.

Das gab es. Und mehr. Sogar eine Schlafstelle. In dem weitläufigen Keller herrschte ein ständiges Kommen und Gehen. Zwei Frauen schöpften aus einem Waschkessel, der sich offenbar nie leerte, dicke Suppe.

Thomas hielt sein Kochgeschirr hin.

Wieder wurde er gefragt, ob er allein sei. Wieder erzählte er seine Geschichte. Wieder bekamen die Frauen mitleidige Augen. Du wirst sie schon finden, deine Mutter. Selbstverständlich könne er über Nacht bleiben.

Ein alter Mann, der die Schlafplätze zuteilte, öffnete ihm einen Lattenverschlag, wies auf eine schmale Liege und wünschte ihm eine gute Nacht. Da hast du es gut getroffen, sagte er, Karaseks Keller ist nie feucht gewesen.

In einer Holzkiste fand er eine ausgefranste Soldatendecke. Unter der hatten schon viele geschlafen. Sie roch nach Keller und irgendwie nach Schuhwichse.

Nur noch mühsam schaffte er es, sich bequem hinzulegen, den Brotbeutel unter den Kopf zu stopfen, sich zuzudecken. In seinem Kopf war nichts mehr, bloß noch Schlaf.

Zwei Tage lang hielt er sich in dem Keller auf, achtete darauf, daß er niemandem auffiel. In der zweiten Nacht wurde er unsanft geweckt. Er riß die Augen auf, vom Licht einer Taschenlampe geblendet. Beschwichtigend sagte jemand: Es ist ein Kind, laßt es doch schlafen.

Die Hand jedoch, die nach ihm griff, gab nicht nach, zog ihn hoch. Er starrte auf eine Uniformjacke, stand vor einem russischen Soldaten. Papiere, sagte der Soldat.

Wie kann er Papiere haben, schimpfte der alte Mann. Er ist ein Kind.

Ein Kind, wiederholte der Soldat, so, als lerne er das Wort, ohne seine Bedeutung zu kennen: Ein Kind.

Noch immer hielt der Soldat Thomas am Arm fest. Auf einmal lockerte sich der Griff. Die Hand wurde freundlich und strich Thomas über die Schulter.

Gutt, sagte der Soldat, blieb jedoch unschlüssig stehen. Der alte Mann drängte ihn, überraschend mutig. Der Soldat gab nach und verschwand.

Am frühen Morgen verabschiedete sich Thomas von seinen Gastgebern. Der nächtliche Besuch war ihm nicht geheuer. Vor ein paar Tagen hatte er gehört, daß die Polizei und die Russen streunende Kinder aufgriffen. Das durfte ihm nicht passieren.

Die Frauen steckten ihm Brot und Dörrobst in den Brotbeutel. Der alte Mann begleitete ihn bis auf die Straße.

Thomas war auf die Helligkeit und auf die Hitze nicht gefaßt und legte den Arm schützend vor die Augen.

Komm gut an, mein Junge, murmelte der alte Mann und gab ihm einen Schubs. Thomas lief einfach in die Richtung, in die ihn der Alte gestoßen hatte.

Nenn mich Krücke

Auf einmal war der Einbeinige vor ihm. Wie aus dem Boden gewachsen. Thomas folgte ihm, er konnte gar nicht anders. Der hüpfende, hastende Mann, der zwischen zwei Krücken hing, zog ihn wie ein Zauberer hinter sich her.

Er war gekleidet wie einer vom Zirkus. Genaugenommen sah er verboten aus. Auf dem Kopf trug er eine zu kleine Schirmmütze. Die blaue Jacke hatte bestimmt einmal zu einem vornehmen Anzug gehört. Nur war sie dem Einbeinigen viel zu groß. Sie hing an ihm wie ein zu weiter Mantel. Die Uniformhose erinnerte daran, daß er Soldat gewesen war und es wohl nie mehr sein würde: Das linke Hosenbein war auf Kniehöhe abgeschnitten und franste aus. Ein großer Stoffbeutel, den er sich umgehängt hatte, schwang bei jedem Krückenschritt mit. Er war dick gefüllt.

Der muß einer von denen sein, dachte Thomas, die hamstern können, die wissen, wo es was gibt, Pferdewurst oder frisches Brot. Solchen Kerlen war er öfter begegnet. Meistens waren sie Einzelgänger, legten Wert darauf, für sich zu bleiben.

Vielleicht, ging es ihm durch den Kopf, vielleicht ist der anders.

Unversehens verschwand der Einbeinige, zwischen seinen Krücken schwingend, in einer Ruine. Thomas blieb erschrokken stehen. Womöglich hatte der Mann ihn bemerkt und wollte ihn nur loswerden. Dann entdeckte er in der Ferne, in einer Staubwolke, einen Jeep. Wahrscheinlich eine russische Streife. Und wußte, weswegen sich der Mann verkrümelt hatte. Er tat es ihm nach, kletterte über eine bröckelnde Mauer, ging in die Hocke, preßte sich gegen den warmen Stein und wartete ab, bis sich der Motorenlärm entfernte.

Als es wieder still war, richtete er sich auf, lugte über die Mauer hinweg – der Einbeinige war bereits wieder unterwegs. Thomas hielt einen größeren Abstand als zuvor. Auf keinen Fall wollte er vorzeitig entdeckt und von dem Mann verscheucht werden. Es interessierte ihn, wohin es ihn so zielstrebig zog.

Die Sonne begann zu stechen, und es fiel ihm ein, wie er in dem Zug, den er Wagen für Wagen nach Mutter absuchte, gefroren hatte. Das war lange her.

Sie liefen nun durch Straßen, die von Bomben verschont geblieben waren. Menschen waren unterwegs. Eine Straßenbahn klingelte, trieb ihn zur Seite. Und dann endete die Stadt. Die Häuser wurden niedriger, schäbiger, lösten sich voneinander, standen nicht mehr eng in einer Zeile. Der Himmel weitete sich, und Thomas hatte das Gefühl, er atme leichter.

Vor ihm breitete sich eine merkwürdige Landschaft aus, eine Steppe, in der sich wie auf Inseln Bäume zusammendrängten, struppige Büsche vergeblich versuchten, sich zu Hecken zu vereinen, vereinzelt Häuschen oder Hütten standen. In dieser Steppe gab es Leben. Wo immer sich Menschen bewegten, zu Fuß, mit dem Fahrrad oder mit einem Leiterwagen, wirbelten Staubwölkchen auf. Sie wanderten, trieben auseinander, sammelten sich von neuem.

Der Einbeinige sang. Thomas verstand kein Wort, aber es mußte ein vergnügtes Lied sein.

Sie liefen in die Weite hinein. Nach einer Weile schwang sich der Mann über einen schmalen Graben, hüpfte auf einen räderlosen, aufgebockten Bauwagen zu, öffnete dort eine Tür und verschwand.

Unentschlossen setzte sich Thomas auf einen Feldstein vor dem Graben. Es war ihm klar, daß er eine Grenze markierte, die er nicht ohne Erlaubnis überschreiten durfte.

Er wartete.

Der Mann machte sich im Wagen zu schaffen, öffnete den Laden der Fensterluke. – Plötzlich stand er in der Tür und schaute zu Thomas hinüber.

Thomas richtete sich auf. Er schaffte es, den Blick des Einbeinigen auszuhalten. Der Mann hatte den komischen Jakkenmantel ausgezogen, auch das Hemd, wenn er überhaupt eines darunter anhatte. Das zerrissene Unterhemd hing um einen ausgemergelten Brustkorb.

Hau ab, sagte der Mann, ohne daß sich seine dünnen Lippen bewegten.

Thomas rührte sich nicht und schaute dem Mann in die Augen. Es waren tief in den Höhlen liegende braune Augen.

Hau ab, wiederholte der Mann und hob drohend die eine Krücke. Mach 'ne Mücke.

Was, fragte Thomas, was soll ich machen?

'ne Mücke, wiederholte der Mann. Wenn du es so besser verstehst: Verkrümele dich, verpiß dich, zieh Leine! Ist das klar?

Klar war ihm das schon. Aber er hatte keine Lust, wieder alleine herumzustreunen. Jeden Abend von Angst gebeutelt zu werden, keinen Unterschlupf zu finden, um ein Stück Brot, ein paar Löffel Suppe betteln zu müssen. Das reichte ihm. Er hatte auch den Eindruck, daß es der Einbeinige nicht so ernst meinte.

Thomas setzte sich wieder auf den Stein. Er ließ sein Gegenüber nicht aus den Augen, blieb auf dem Sprung.

Der Mann lehnte sich locker gegen den Türrahmen, griff in die Hosentasche, fischte Tabak und einen Fetzen Papier heraus, begann sich eine Zigarette zu drehen. Mutter hatte das wutzeln genannt. Das Wort hatte ihm damals gefallen.

Soll ich dir Beine machen? fragte der Mann. Mit der Zungenspitze fuhr er über den Papierrand und drückte die Zigarette zusammen. Er hatte mehr sich gefragt als Thomas.

Thomas entspannte sich. So wie es aussah, hatte er beinahe gewonnen. Nun mußte er nur noch abwarten und jedes falsche Wort vermeiden.

Der Mann sah über ihn hinweg, als beobachte er in der Ferne irgendeine Bewegung. In seinem schmalen, knochigen Gesicht saßen die Schatten wie Wundmale.

Bist du allein? fragte er, sog an der Zigarette und blies den Rauch aus der Nase.

Gleich kommt er ihm aus den Ohren raus, dachte Thomas. Dann antwortete er: Ja.

Hast du keine Eltern?

Mein Vater ist gefallen. Bei Woronesch, fügte er hinzu. So

hatte es in der Zeitungsanzeige gestanden: Gefallen bei Woronesch.

Der Mann blies diesmal den Rauch zwischen den Zähnen durch. Woronesch, das kenne ich. War ziemlich beschissen. Nichts als Schlamm. Und deine Mutter?

Sie war plötzlich weg, als wir in Kolin miteinander auf den Zug gewartet haben. Ich hab sie nicht mehr gefunden. Und Wanda auch nicht. Hier in Wien.

Wer ist Wanda?

Meine Tante. Bei der wollten wir uns treffen, wenn wir uns mal aus den Augen verlieren. Aber das Haus steht nicht mehr.

Ja, sagte der Mann. Da ist eine Menge verschwunden.

Er schien über alle die Menschen und Häuser, die verschwunden waren, nachzugrübeln.

Ich darf bloß nichts Blödes sagen, dachte Thomas erleichtert, dann geht nichts mehr schief. Bestimmt nicht.

Er beobachtete, wie der Einbeinige, den Rücken gegen den Türrahmen gepreßt, langsam in die Hocke ging und sich setzte.

Wie heißt du?

Thomas, antwortete er, Thomas Schramm.

Wie alt bist du?

Im August werde ich dreizehn.

Also bald, stellte der Mann fest. Es gelang ihm, die Kippe so weit zu schnipsen, daß sie zischend in den Wassergraben fiel.

Hast du Hunger? fragte der Mann.

Ja.

Der Mann lachte, strich sich mit der Hand über das heile Bein. Das war schon eine blöde Frage. Er sah Thomas wieder an. Seine Augen wurden um eine Spur größer, trauriger, aber auch freundlicher.

Es hat keinen Sinn, daß wir uns belauern und bekriegen, was? Wir sind beide arm wie die Kirchenmäuse, obwohl ich noch nie eine arme Kirchenmaus gesehen habe. Das kommt davon, daß ich selten in Kirchen gehe.

Der Mann forderte ihn auf, über den Graben zu springen, doch da war Thomas schon drüber. Denn noch immer konnte der alles zurücknehmen. Dem wollte er zuvorkommen. Der Mann kniff die Augen zusammen, ließ ihn an sich vorbei, sagte: Geh mal rein in diese Villa. Auf dem Tisch liegt mein Sammel- und Vorratsbeutel. Pack das Brot aus, die Pferdewurst, hol aus dem Karton neben dem Öfchen Messer und Teller und deck uns den Tisch.

Thomas ließ sich das nicht zweimal sagen. Er erledigte alles ungeheuer schnell.

Fertig? rief der Mann.

Klar, antwortete Thomas.

In dem Bauwagen gab es erstaunlich viel Platz. Alles Notwendige war vorhanden. Ein Tisch, zwei Stühle, ein Regal aus gestapelten Obstkisten, die mit Wäsche und Hemden vollgestopft waren.

In einer Ecke lag ein Strohsack, auf dem der Einbeinige wohl schlief.

Hilf mir den Tisch hinaustragen, forderte der Mann ihn auf. Hier drinnen ist es zu stickig. Und die Stühle bring nach.

Sie saßen sich gegenüber. Der Mann schnitt die Wurst, das Brot, legte das Messer ab und sagte: Es ist besser, wir reden beim Essen nicht. Wir genießen jeden Bissen. Aber sobald wir fertig sind, muß ich dir was sagen.

Und das tat er dann auch: Ich muß dir was sagen. Du stinkst. Du stinkst wie ein Geißbock, wie eine Tonne Jauche, wie ein Biber. Du stinkst, mein Junge, nach Dreck, nach Schweiß, nach Kohlenfeuer, nach Kellerschimmel. Wann, frage ich dich, hast du zum letzten Mal deine Sachen ausgezogen und gewaschen?

Ich weiß nicht.

Er konnte sich tatsächlich nicht mehr erinnern, wann er sich richtig gewaschen hatte. Sicher, das Gesicht und die Hände schon, wenn sich die Gelegenheit ergab, an kleinen Wasserbecken in Hausgängen oder an Regentonnen.

Paß auf, sagte der Mann. Hinter unserer Villa gibt es eine Wasserpumpe. Und auf dem Öfchen steht ein Topf, den füllst du, doch nur dreiviertel voll, sonst kracht der Ofen zusammen. Dann machst du mit Papier und Holz ein Feuer, und sobald das Wasser heiß ist, wäschst du dich. Deine Klamotten ziehst du aus und hängst sie hinten auf die Leine. Deine Unterhose solltest du am Ende auswaschen. Schmierseife gibt's auch. Also los. Ich räume inzwischen ab.

Bei jedem anderen hätte Thomas aufbegehrt. Bei dem nicht. Den fand er in Ordnung. Und das mit dem Geruch war ihm selber schon aufgefallen.

Der Einbeinige achtete nicht auf ihn, als er das Wasser holte, den Topf auf den Ofen stellte und sich auszog. Er schämte sich ein bißchen, als er die Schmutzstreifen auf dem Bauch und an den Beinen entdeckte und die bis zu den Knöcheln schwarzen Füße.

Das heiße Wasser tat ungeheuer wohl. Die Seife duftete. Der leichte Zug, der durchs Fenster wehte, trocknete seine Haut.

Er seifte sich ein und spülte sich ab, rieb seine Haut, konnte gar nicht genug davon bekommen. Bis der Mann ihn mahnte, genügend Wasser für die Unterhose übrigzulassen.

Du kannst dir ein Hemd aus der Kiste nehmen. Wahrscheinlich geht es dir bis zu den Waden. Ich werde mich an deinen Anblick gewöhnen.

Dann sprach der Mann bis zum Abend kein Wort mehr. Er saß wieder an der Tür, blickte hinaus in die Ebene, in der nun kaum mehr Staubwölkchen wanderten. Noch immer war es warm. Und obwohl die Sonne noch über dem Horizont stand, schwebte schon der Mond über ihnen. Eine dünne, bleiche Sichel.

Thomas, der sich ins Gras unter der Wäscheleine gelegt hatte, kämpfte mehr und mehr gegen die Müdigkeit. Schließlich sprang er auf, lief um den Wagen herum und fragte den Einbeinigen, ohne ihn anzusehen: Wo kann ich schlafen?

Drinnen auf dem Strohsack.

Aber das ist doch Ihr Bett.

Solange wir nicht mehr zu futtern bekommen, passen wir beide drauf. Leg dich hin. Deck dich mit dem Mantel zu, der hinter der Tür hängt.

Danke, sagte Thomas, und weil die Gelegenheit günstig erschien, fragte er noch: Wie heißen Sie eigentlich?

Wie ich heiße? Der Mann grinste übers ganze Gesicht. Du kannst ruhig du zu mir sagen. Und nenn mich Krücke, so heiße ich nämlich seit zwei Jahren. Jetzt geh in die Falle und laß mich in Ruhe. Er begann eine Zigarette zu drehen. Ich bin schon eine Ewigkeit nicht mehr soviel gefragt worden. Gute Nacht.

Gute Nacht, sagte Thomas. Er schaffte kaum mehr die wenigen Schritte bis zum Strohsack. Bevor der Schlaf ihn mitriß, hatte er nur noch ein Wort im Kopf. Er sagte es vor sich hin, und es machte ihn ruhig und furchtlos: Krücke.

Wo überall hast du geschlafen?

Als Thomas erwachte, stand die Luft warm und dick in dem Bauwagen. Es mußte schon spät am Vormittag sein. Thomas räkelte sich. Er hoffte, noch eine Weile ungestört zu bleiben. Doch da pochte es laut gegen den Wagen: Na, endlich. Wach geworden? Junge, Junge, kannst du schlafen!

Thomas setzte sich auf, rieb sich mit den Händen die Oberschenkel. Sie taten ihm weh.

Krücke beruhigte ihn: Du mußt nicht gleich aufstehen. Es ist sowieso nichts los.

Thomas ließ sich auf die Matratze zurückfallen und verschränkte die Arme im Nacken. Mit den Augen blinzelte er ins Licht. So wohlig war er seit langem nicht mehr aufgewacht.

Ihm fiel ein, wie ihn in Budweis ein Bahnbeamter mitten in der Nacht in einem Geräteschuppen aufstöberte, mit den Füßen trat und er vor Schreck den Brotbeutel liegenließ. Unendlich lang hatte er dann auf der Lauer gelegen, bis er über die Schienen zu dem Schuppen rannte und den Brotbeutel wiederfand.

Das war die erste Nacht gewesen, sagte er vor sich hin.

Erzähl, rief Krücke. Aber ein bißchen lauter.

Er hatte es sich auf den Eingangsstufen bequem gemacht.

Was soll ich erzählen? fragte Thomas.

Ganz einfach, wie es weiterging.

Wo ich überall übernachtet habe?

Du drückst dich ziemlich gewählt aus. Genau das meine ich. Wo du gepennt hast. Wo du untergeschlüpft bist.

Nach Budweis?

Ja, nach Budweis.

Da war noch Krieg.

Bist du in Kämpfe geraten?

Alles war durcheinander. Unsere Soldaten zogen durch die Stadt mit Panzern und Lastern. Sie wollten zu den Amerikanern. Andere marschierten an die Front. Immer wieder kamen Tiefflieger. Dann rannten wir in die Häuser oder schmissen uns auf die Straße, unter Autos, hinter Panzer.

Du auch?

Ja. Ich hab es wie die anderen gemacht.

Aber du bist allein geblieben?

Ja.

Krücke pochte mit seiner Krücke auf die Holztreppe. Sag doch mal ein bißchen mehr. Und sag: Ja, Krücke! Wir reden wie namenlose Gespenster miteinander.

Ja, Krücke.

Und die nächste Nacht?

Thomas schloß die Augen. Es war wie Kino. Nur daß er selber in dem Film mitspielte: Ich hab Leute getroffen. Draußen vor der Stadt. Die haben da gerastet, mit fünf oder sechs Pferdewagen. Ein paar Jungen waren dabei, ungefähr so alt wie ich. Sie kamen aus Schlesien oder von noch weiter her. Sie hatten nichts dagegen, daß ich mich zu ihnen setzte. Eine Frau gab mir was zu essen. Ich erzählte, wie Mama plötzlich auf dem Bahnsteig verschwunden war …

Er brach ab. Ein Wort hatte ihn erschreckt. Er hatte bisher vermieden, es auszusprechen. Nie hatte er, wenn er von Mutter redete, sie Mama genannt.

Was ist los? rief Krücke. Hast du einen Stöpsel verschluckt?

Krückes Witz half ihm. Thomas grinste: Ja, so was Ähnliches.

Also erzähl weiter. Ein bißchen knapper, mein Junge.

Sie nahmen mich mit. Ich blieb für ein paar Tage bei ihnen. Sie wußten, daß ich nach Wien zu Tante Wanda wollte. Irgendwo hielten sie es für besser, daß wir uns trennten. Wir wollen ins Reich und du nach Wien, sagten sie. Versuch erst mal, bis Schrems zu kommen. Vielleicht fahren von dort noch Züge.

Und, fragte Krücke ein wenig ungeduldig, fuhren noch Züge?

Thomas schüttelte den Kopf. Nein. Doch mitten in einem Wald traf ich einen Mann. Der war einfach toll. Er hieß Kasten. Er war lang und dünn. In seinen Schuhen hatte er eine Menge Geld versteckt. Eigentlich durfte ich es nicht wissen. Nur guckte er immer wieder nach, und so kriegte ich es mit. Ich mußte ihm schwören, es keinem zu verraten. Selbst in größter Gefahr nicht. Wenn er mir so drohte und mit den Armen fuchtelte, bekam ich Angst. Sonst war er in Ordnung. In seinem Rucksack hatte er sogar einen ganzen, großen Schinken.

Krücke unterbrach ihn. Das führt zu nichts. Du wirst nie in Wien ankommen. Wo hast du noch geschlafen?

Ich weiß es nicht, sagte Thomas. Krücke brachte ihn mit seiner Ungeduld durcheinander. Es war so, als müßte er die Tage streichen, als hätte es nur Nächte gegeben. Dieser Kasten und ich schliefen einige Male im Wald. In Schrems fanden wir nachts dann ein verlassenes Haus. Da gab's sogar noch Möbel drin. Wir krochen zusammen in ein Bett und fanden das ungeheuer gemütlich. Als wir am Morgen an die Decke guckten, hätte uns beinahe der Schlag getroffen. Genau über uns war die Decke auseinandergerissen und hing halb herunter. Kasten sagte: Hätten wir gehustet, wäre sie auf uns runtergekracht und hätte uns unter sich begraben. Dann packte er mich, rollte mit den Augen. Wirklich, er konnte das. Er nannte mich ein schlechtes Omen. – Was ist das, Krücke? Krücke mußte offensichtlich nachdenken: Auf jeden Fall Quatsch. Aber für deinen Kasten so eine Art Warnung.

Das muß stimmen. Er sagte nämlich, daß wir nun voneinander scheiden müßten. Er redete immer so geschwollen. Zum Abschied schenkte er mir eine Büchse Schoka-Kola. Der war schon in Ordnung!

Und danach?

Danach? Zwei oder drei Mal habe ich in Wartesälen geschlafen. Nie die ganze Nacht. Immer kamen Streifen, und ich verdrückte mich lieber. Auch im Fahrerhaus von einem Laster hab ich mal geschlafen. Und einmal bei einer Frau, die mich ansprach. Das war, glaube ich, in Horn. Ich durfte baden und danach mit ihr im Ehebett schlafen. Das fand ich toll. Nur in der Nacht hat die Frau gestöhnt, als hätte sie schlimme Schmerzen. Ich hab Angst gekriegt und mich rausgeschlichen. – In Horn waren schon die Russen. – Erst hab ich vor ihnen Schiß gehabt. Bis mir einer etwas zu essen gab. Und ein russischer Laster hat mich ein Stück mitgenommen. Ja, in einem Stall hab ich auch noch übernachtet. Am Morgen hat mich der Bauer entdeckt und verdroschen ... Irgendwo hörte ich, daß wieder Züge fahren. Wir warteten und warteten. Es dauerte ewig, bis tatsächlich einer kam. Ich mußte vorne auf dem Tender sitzen. Ständig rutschten die Kohlen unter mir weg, und Leute mußten mich festhalten. Der Zug fuhr bis Wien. Hier hab ich meistens in Kellern gepennt. Einmal auch in einem kaputten Panzer. Es war aber ekelhaft, denn irgendwelche Ferkel hatten ihn vollgekackt.

Krücke fragte so leise, daß Thomas ihn kaum verstand: Wie hast du denn die Nacht hier verbracht?

Thomas sprang auf, lief zur Tür, stand hinter Krücke und verspürte Lust, sich an ihn zu lehnen. Aber er traute sich nicht. Gut, sagte Thomas, wirklich gut!

Krücke zog sich an seiner Krücke hoch und musterte ihn lächelnd. Man sieht's, sagte er. Und sofort wurde er wieder ernst, als ärgere er sich über seine Freundlichkeit.

Ich muß jetzt gehen. Warte nicht auf mich. Vielleicht bleibe ich über Nacht fort. Zu futtern findest du genug. Paß auf, mach dich nicht bemerkbar. Überall treibt sich Gesindel rum. Bis später, Tom.

Unter dem Wagen zog er einen Stoffbeutel hervor, hängte ihn sich um, nickte Thomas aufmunternd zu und hüpfte erstaunlich behend den Feldweg lang.

Thomas stieß ein Kloß in den Hals. Er sah Krücke so lange

nach, bis er auf der weit entfernten Straße zu einem Punkt zusammenschrumpfte, der in winzigen Sprüngen in einer Staubwolke verschwand.

Es war keine neue Erfahrung für Thomas, allein gelassen zu werden, zu spüren, wie die Umgebung groß und weit wird und man selber klein und elend. Dieses Mal war es anders. Krücke war nicht irgendeiner, den er zufällig getroffen hatte. Krücke war mehr. Ein Freund, den er sich wünschte. Einer, der sich auskannte, der allem, was unerwartet geschehen würde, gewachsen war. Wenn Krücke ihn im Stich ließ, das wußte er, würde ihm alles egal sein. Und es sah so aus, als wollte sich Krücke aus dem Staub machen.

Den ganzen Nachmittag hockte Thomas im Gras und starrte zur Straße, bis ihm die Augen brannten. Es war schwül geworden. Über den Horizont quollen Wolken, türmten sich auf.

Vor Gewittern fürchtete er sich. Vorsorglich räumte er die zwei wackligen Stühle und den Tisch unter den Wagen. Unruhe erfüllte ihn, machte ihn zapplig. Er stieg in das Häuschen. Begann den Bretterboden mit einem ausgefransten Kehrwisch zu fegen, strich immer wieder die Pferdedecke auf der Matratze glatt, legte sich hin, sprang auf, schaute hinaus, wo unter einem ätzend gelben Licht schwere Wolken über der Ebene lagen.

Er ist abgehauen, sagte er laut. Das Gewitter näherte sich rasch und brach über ihn herein. Gegen den aufkommenden Wind drückte er die Tür zu, verrammelte sie mit Brettern. Das kleine Fenster verhängte er mit einem Sack. Nur wenn es blitzte, schoß für einen Moment Helligkeit in seine Höhle. Er warf sich auf die Matratze, zog die Decke über sich. Vater hatte sich über seine Gewitterangst lustig gemacht. Du benimmst dich wie eine Memme, hatte er gesagt. Memme war ein schlimmes Wort. Es klang verächtlich.

Thomas war froh, daß ihn niemand sehen konnte. Er schlotterte und konnte nichts dagegen tun. Er hatte furchtbare Angst. Als der Donner leiser wurde, schlief er erschöpft ein.

Krücke? Mit dieser Frage wachte er auf, kroch durch den verdunkelten Wagen zur Tür, riß die Bretter zur Seite. Es war klar, Krücke war nicht zurückgekommen.

Der Wagen stand in einem kleinen Teich. Blau wölbte sich der Himmel über den Äckern und Feldern. Sie dampften unter der Sonne.

Thomas streckte die Arme aus. Die Wärme umschloß ihn. Es war ein wunderbares Gefühl. Doch ohne Krücke konnte er es nicht genießen. Er setzte sich in die Tür, fühlte sich verlassen, überlegte, ob er fortlaufen solle, haderte mit sich selber und verschob den Aufbruch schließlich auf den Abend, und als der Abend kam, fühlte er sich ganz ruhig. Ein Bilderbuch-Mond gab ein helles, kreidiges Licht.

In diesem Licht sah er, noch weit entfernt, einen hüpfenden Strich. Es konnte nur Krücke sein. Er vergaß alle seine Vorsicht, begann zu rennen, rannte, rief, rannte. Als er Krücke erreichte, war sein Gesicht naß. Er rang nach Atem, brachte kein Wort heraus.

Krücke schloß ihn fest in die Arme, geriet ins Wanken,

brummte über seinen Kopf weg: Nur nicht so heftig, Tom. Mit meinem einen Bein halte ich deine Freude nicht durch.

Auf dem Weg zum Baukarren erkundigte sich Krücke, wie Thomas die Zeit verbracht habe. Ob denn etwas vorgefallen sei?

Nichts, sagte Thomas. Bis auf das Gewitter.

Und das hast du auch überstanden.

Ja, erwiderte Thomas. Er empfand einen Anflug von Stolz, als er nun ruhig und sicher neben Krücke herging.

Morgen, sagte Krücke, morgen müssen wir miteinander Tacheles reden.

Tacheles – was ist das? fragte Thomas.

Krücke blieb stehen, zog die Schultern hoch, so daß er zwischen den Krücken einsank: Tacheles? Das ist eine Frage. Ich meine, Junge, wir müssen mal alles besprechen, was für uns beide wichtig ist. Klar?

Eine Art Flucht

Denen ist wohl der Hammer auf den Kopf gefallen! rief Krücke am andern Morgen.

Draußen wurde geschossen. Thomas war sofort hellwach. In solchen Augenblicken spürte er, daß er im Grund dauernd auf dem Sprung war, wachsam blieb, selbst wenn alles ruhig schien.

Krücke lehnte in der Tür, hielt Thomas mit ausgestrecktem Arm zurück, berichtete jedoch, was sich draußen auf den Feldern abspielte.

Ganz klar, dazu mußte es ja mal kommen! Die haben da drüben in der Scheune ihre Kartoffelsäcke gestapelt – wie fette Köder. Und nun haben ein paar ausgehungerte Kerle versucht, da ranzukommen. Vielleicht sind es auch Handlanger von Schwarzhändlern.

Laß mich doch mal gucken, bettelte Thomas.

Krücke drängte ihn noch weiter in den Wagen zurück. Die Gelegenheit wirst du bald haben, sagte er, wenn die weiter in unsere Richtung laufen. Vielleicht wollen die sich hier verstecken.

Thomas ging in die Hocke und spähte zwischen Bein und Krücke ins Freie. Über die Felder und brachliegenden Äcker liefen welche und wechselten dabei dauernd die Richtung, schlugen Haken. Drei noch winzige Figuren. Hinter ihnen bewegten sich, offenbar langsamer, ebenfalls drei, die aus Gewehren oder Maschinenpistolen schossen. Die Verfolger.

Manchmal spritzte neben den Fliehenden die Erde auf; dann sprangen sie hoch oder warfen sich nieder. Aus der Ferne sah es aus wie ein Spiel. Thomas hatte den Eindruck, als wollten die Schützen gar nicht treffen, sondern den drei Burschen nur Beine machen.

Wem gehören die Kartoffeln?

Den Russen. Die haben sie beschlagnahmt.

Und die andern wollten sie klauen?

Ja. Die haben ein bißchen mehr Hunger als die Soldaten. So ist das eben. Die Figuren wurden größer. Nun konnte Thomas schon ihre Gesichter erkennen, Gesichter mit aufgerissenen, nach Luft ringenden Mündern.

Die haben tatsächlich unsere Bude im Sinn. Ungeheuer flink drehte sich Krücke auf seinem Bein. Beinahe hätte er Thomas, der noch immer kauerte, mit dem Krückstock getroffen. Krücke raffte seine Sachen zusammen. Beeil dich, Tom, mahnte er. Es bleibt uns nicht mehr viel Zeit. Vergiß nichts. Dort liegt noch dein Kochgeschirr.

Thomas packte hastig seinen Brotbeutel, zog die Jacke an, sprang aus dem Wagen. Er lief neben Krücke her, sah nur den Weg, der keiner war, Gras, Steine, ausgetrocknete Akkerfurchen, stolperte, fing sich wieder. Die warme Luft verstopfte seinen Hals.

Müssen wir denn noch so rennen?

Zur Übung, keuchte Krücke. Weiß der Himmel, wie oft du das noch nötig hast!

Thomas hielt an, schaute sich um. Die drei Männer waren verschwunden. Die Soldaten bewegten sich langsam auf den

Bauwagen zu, als nähmen sie sich absichtlich Zeit. Auch Krücke beobachtete die Szene. Mit der rechten Hand arbeitete er in der Jackentasche. Er drehte sich eine Zigarette.

Thomas griff nach Krückes Arm. Was geschieht denn jetzt mit denen?

Nachdenklich zog Krücke an der Zigarette, spuckte einen Tabakkrümel aus. Ach, nichts Weltbewegendes. Ein Verhör auf der Kommandantur, vielleicht ein paar Tage Bunker. Aber die Angst, die ist schlimm.

Und was machen wir?

Da vorn, du kannst sie schon sehen, ist die Endstation der Straßenbahn. Wir fahren erst mal in die Stadt.

Und dort?

Dort versuchen wir, deine Tante Wanda aufzustöbern.

Aber …

Kein Aber, Tom. Die ganze Kompanie hört auf mich.

Ich bin keine Kompanie.

Was für ein Glück für uns beide.

Thomas fing an zu lachen, und Krücke lachte mit.

Ein kleiner Fetzen Himmel

Für Thomas verfügte Krücke über wunderbare Kräfte. Er schaffte es, daß die große Stadt ihm keine Angst mehr einflößte. Krücke kannte sich aus, führte Thomas Häuser, Kirchen und Straßen vor, als gehörten sie ihm. In dem gewaltigen Stephansdom wagte er es sogar zu lachen. Und die übermächtige Hofburg sah gleich freundlicher und zugänglicher aus, als Krücke erzählte, daß hier längst keine Kaiser und Könige mehr wohnten, sondern normale Sterbliche wie Präsidenten und Minister. Die finsteren Toreinfahrten, die aufgerissenen Mäulern glichen und die Thomas stets gemieden hatte, erwiesen sich unter der Führung von Krücke als Treffpunkte mit Händlern oder als Zugänge zu Kellerwirtschaften, in denen alles serviert wurde, wovon Thomas bisher nur hatte träumen können: warme Suppen, Knödel, Fleisch mit Soße, sogar Pfannkuchen ...

Krücke ordnete Wien. Es sei in Bezirke aufgeteilt, erklärte er. Es gäbe einen ersten, die Innenstadt, aber auch den einundzwanzigsten, in dem Tante Wanda zu Hause gewesen sei.

Wir leben in einer verkehrten Welt, sagte Krücke. Die Österreicher haben zwar mit uns, den Deutschen, den Krieg verloren, doch genaugenommen haben sie ihn gewonnen. Erstens sind sie keine Deutschen mehr oder Ostmärker, wie Adolf Hitler sie nannte, sondern eben wieder Österreicher. Zweitens haben sie wieder ihr eigenes Geld, die Schillinge, und drittens erweisen ihnen die Amerikaner, Russen, Franzosen und Engländer eine besondere Ehre, indem sie in Wien gemeinsam auftreten.

Thomas verstand nicht alles, was Krücke – einmal zornig, einmal heiter – an Erklärungen von sich gab. Doch als zum ersten Mal ein Jeep an ihnen vorüberfuhr, in dem ein russischer, ein amerikanischer, ein englischer und ein französischer Offizier saßen, meinte er, daß dies wohl die große Ehre sei, die den Wienern erwiesen wurde.

Krücke bezeichnete die Ehre auch als Glück. Die Soldaten sorgten nämlich dafür, daß auf dem Schwarzmarkt immer neue Waren angeboten würden. Stell dir vor, Tom, ohne sie hätten wir keine Zigaretten, keinen Bohnenkaffee, keine Schokolade, keine Strümpfe für die Frauen, keine Trockenmilch und kein Trockenei, auch keine Süßkartoffeln, die nicht nach meinem Geschmack sind.

Krücke war eine stadtbekannte Persönlichkeit. Da kommt Krücke, hieß es, wenn sie sich einer Gruppe von Männern näherten oder irgendwo einkehrten.

Krücke ließ sich nicht auf Gespräche ein, und Geschäfte interessierten ihn nicht. Seine Stimmung hatte sich eingetrübt. Vielleicht schmerzte sein Bein, vielleicht hatte ihn die Flucht aus der Baubude verärgert.

In einem Kellerlokal setzte er sich mit Thomas in eine Nische, abseits von seinen Bekannten, suchte nach Worten, malte mit vergossenem Sprudel einen riesigen Achter auf den Holztisch und sagte dann, immer wieder stockend: Was weiß ich, Tom, wie lang wir zusammenbleiben werden. Auf die Dauer sowieso nicht. Wir müssen eine Lösung finden. Ich muß eine Lösung finden. Noch bist du bei mir. Von jetzt ab, hörst du, bist du mein Neffe, wenn man dich fragt. Mein Neffe Tom. Und ich bin dein Onkel. Was für einer, ist mir schnurzegal. Ob ein entfernter oder ein naher, der Bruder deiner Mutter oder auch der deines Vaters. Das kannst du dir aussuchen. Wenn du jetzt heulst, mich gemein findest, einen Zirkus machst, laß ich dich sitzen, und du kannst sehen, wie du deine Tante Wanda ausgräbst.

Jedes Wort tat Thomas weh. Noch nie hatte jemand so mit ihm gesprochen. Noch nie war ihm so klargeworden, daß er ohne Krücke allein war, so etwas wie ein streunender Hund, den jeder schlagen, treten oder einfangen konnte. Er biß sich auf die Lippen, drückte seinen Rücken gegen die Stuhllehne und sah an Krücke vorbei.

Hast du verstanden? fragte Krücke.

Ja.

Ich wollte dich nicht verletzen, Tom. Aber so sieht es aus mit uns.

Ja.

Sag nicht immer nur »ja«. Krücke äffte ihn nach. Seine Hand bewegte sich langsam über den Tisch und legte sich auf die Hand von Thomas. Sie fühlte sich seltsam knochig an, aber auch warm.

Soll ich dich Onkel Krücke nennen?

Seine Frage sprengte Krücke fast vom Stuhl. Er schoß hoch, stand, ohne zu schwanken, auf seinem Bein, ließ sich wieder fallen und schüttelte sich vor Lachen.

Onkel Krücke! Das kann nicht wahr sein. Junge, Junge, da

fehlt dir bloß noch Tante Ruine. Nein, Tom, bleib bei Krücke. Sag weiter Krücke zu mir.

Thomas faßte Mut. Vielleicht gelang es ihm jetzt, mehr über Krücke zu erfahren. Wie heißt du wirklich?

Krücke kniff wie immer, wenn er nachdachte, ihn etwas sehr beschäftigte, die Augen zusammen: Du hast recht. Ich habe beinahe vergessen, wer ich vor Krücke gewesen bin. Ich hieß, nein, ich heiße Eberhard Wimmer. Nur wage es bloß nicht, mich Eberhard zu nennen. Ich bin dreiunddreißig Jahre alt, komme aus Breslau. Und woher kommst du?

Aus Brünn.

Futsch ist beides für uns, mein Junge.

Was hast du in Breslau getan?

Ich habe ein paar Semester studiert, Nationalökonomie. Dann bin ich Soldat geworden. Ein paar Jahre später Krüppel. Inzwischen war ich, damit du ein bißchen stolz auf mich sein kannst, Oberleutnant. Anfang 44 wurde mir das Bein abgesäbelt. Wundbrand. Auf dem Rückzug in Rußland. Ich lag ziemlich lange im Lazarett. Danach ging ich zurück nach Breslau, fand ein paar Freunde, die nichts für den Krieg und unseren allmächtigen Adolf übrig hatten. Wir druckten ein Flugblatt. Es genügte, daß uns die Gestapo auf die Spur kam. Ich mußte flitzen, trieb mich da und dort herum, begegnete Bronka. Das ist eine andere Geschichte. Du wirst sie kennenlernen.

Krücke zog sich an den Krücken hoch. Das reicht. Gehn wir hinüber zu meinen Freunden, den Schiebern. Sie werden sonst ungeduldig. Wir können gleich einmal ausprobieren, wie haltbar unsere Verwandtschaft ist.

Es klappte. Als sich die Männer nach Thomas erkundigten, antwortete Krücke ruhig und bestimmt: Das ist mein Neffe Tom.

Alle gaben sich mit dieser Auskunft zufrieden.

Der lange Tag saß Thomas in den Gliedern. Die Stimmen der Männer entfernten sich. Er hörte nicht mehr auf sie, kämpfte nur noch gegen seine Müdigkeit. Wenn die noch lange quatschen, dachte er, schlafe ich im Sitzen ein.

Krücke entging nichts. Leise und beruhigend sagte er: Schlaf nicht ein, gleich brechen wir auf. Ich verspreche dir einen kleinen Fetzen Himmel.

Der Satz setzte sich in seinem Kopf fest. Als sie aufbrachen, warnte Krücke: Es ist Sperrstunde. Wir müssen aufpassen.

Sie liefen durch enge Gassen. Die Nacht war hell. Krückes Krücken klopften viel zu laut. In der Nähe des Stephansdoms hielt Krücke vor einem Haus an, klingelte, drückte sich und Thomas in den Eingang.

Die Tür ging nur einen Spaltbreit auf.

Eine Frau sagte: Wer kann es um diese verbotene Zeit schon sein?

Krücke zog Thomas hinter sich her. Das Licht im Treppenhaus ging an. Thomas stand vor einer zierlichen, jungen Frau, deren bleiches, sehr schönes Gesicht unter den schwarzen Haaren einer Maske glich.

Das ist Tom, von dem ich dir erzählte, sagte Krücke. Und das ist Bronka.

Bronka reichte ihm die Hand, eine vogelleichte Hand. Die andere hielt ihren schwarzen Morgenmantel über der Brust zusammen.

Thomas dachte: Sie riecht nach Blumen und ein wenig auch nach Küche. Thomas atmete tief ein.

Er ist hundemüde, erklärte Krücke.

Thomas widersprach: Jetzt nicht mehr.

Thomas kam es vor, als sei er aus der Zeit gefallen. Als sei er nie wochenlang allein unterwegs gewesen. Er hatte vergessen, daß es Wohnungen gab wie diese.

Für einen Moment kuschelte er sich in einen der tiefen Sessel im Wohnzimmer, schloß die Augen. Aus dem Radio kam Musik. Er dachte: Wie zu Hause, wenn Mama abends nähte und ich noch eine Weile lesen durfte.

Er ging in die Küche, sah ein Brot auf dem Tisch liegen, neben einer Schüssel mit Bohnensalat. Der Speichel schoß ihm in den Mund. Er bezwang sich, wollte erst dann essen, wenn Bronka ihn dazu einlud.

Bronka und Krücke redeten leise und fragend aufeinander ein. Sicher sprachen sie über ihn, was mit ihm geschehen solle. Er strich durchs Wohnzimmer. Sie verstummten. Er öffnete die Tür zum Schlafzimmer, spürte ihre Blicke in seinem Rücken.

Was er sah, warf ihn um: zwei Betten, zwei richtige Betten, mit großen, weiß überzogenen Kopfkissen und dicken Dekken. Vor lauter Sehnsucht, in diesem wunderbaren Weiß zu versinken, endlos zu schlafen, bemerkte er nicht, daß Bronka neben ihn getreten war und mit ihm dieses Wunder betrachtete. Sie hatte die Stimme einer Fee, als sie sprach: Da wirst du heute schlafen, Tom. Zusammen mit Krücke.

Vorher jedoch saßen sie in der Küche, aßen. Dann räkelten sie sich in den Sesseln im Wohnzimmer, sprachen so gut wie nichts, lauschten auf die Musik aus dem Radio, bis Bronka, die immer wieder hinter einer Tür verschwand, in die Hände klatschte und sie zu einem Bad einlud. Der Ofen sei geheizt, das Wasser heiß, die Wanne schon zur Hälfte voll.

Fragend blickte Thomas zu Krücke, der Bronka glücklich anstrahlte.

Gehst du zuerst?

Verwundert starrte Krücke ihn an: Was heißt das? Denkst du, dieser königliche Badeofen ist unerschöpflich? Eine Füllung reicht gerade für uns zwei. Und die Wanne auch. Es sei denn, du schämst dich vor mir.

Das nicht, bestimmt nicht.

Scham war es auch nicht, die Thomas empfand. Eher Furcht. Furcht vor dem einbeinigen Mann, der ihm plötzlich wieder ganz fremd war.

Versuchen wir's! Krücke zog sich an der Krücke hoch, hüpfte ins Bad. Thomas blieb sitzen, ärgerte sich über seine Unschlüssigkeit, aus der ihm schließlich Bronka half. Sie kam aus der Küche, sah ihn und schüttelte den Kopf: Willst du nicht baden? Bist du wasserscheu? So verdreckt, wie du bist, mein Lieber, kannst du auf keinen Fall in meinem frischüberzogenen Bett schlafen.

Er gab nach, trollte sich, begleitet von Bronkas aufmunterndem Lachen, ins Bad. Krücke machte sich schon in der

Wanne breit. Thomas kehrte ihm den Rücken zu, zog sich aus.

Beeil dich, drängte Krücke. Noch ist das Wasser herrlich heiß.

Den Blick gesenkt, stieg er in die Wanne. Krücke machte ihm Platz und warf ihm einen großen Schwamm zu. Es ist alles da. Seife, Shampoon! Was der gepflegte Herr braucht. Und jetzt sieh mich mal an, Tom, sei nicht albern. Zwei Männer werden sich wohl eine Wanne teilen können.

Krücke meinte es ernst. Er spaßte nicht mehr.

Gut, sagte Krücke, jetzt guck mich mal ganz an, einen nackten Mann mit einem Bein. Schau hin.

Er tat, wie es ihn Krücke geheißen hatte, und doch nicht. Erschrocken und mit einem Gefühl von Ekel glotzte er auf den Stumpf, der anstatt des linken Beines an Krückes Leib hing. Wie ein gesichtsloses Wesen, eingeschlossen von wuchernden Wülsten. Der Stumpf bewegte sich auch noch. Obwohl Thomas merkte, daß Krücke ihn beobachtete, gelang es ihm nicht, den Blick davon zu lösen.

Na, das ist nicht gerade eine Augenweide.

Jetzt glich der Stumpf einem toten Fisch. Krückes Hand kam angeschwommen und legte sich auf ihn.

Wenn die Zeiten besser sind, laß ich mir eine Prothese machen. Dann brauch ich nur noch einen Stock, kann meine Krücken in die Ecke schmeißen und nenne mich um. Aber bis dahin, Krücke streckte sich aus, und der Stumpf kam Thomas ganz nah – man gewöhnt sich an alles …

Krücke drückte den Schwamm über seinem Kopf aus, und

die dünnen, braunen Haare hingen ihm in Strähnen über die Augen.

Nein, doch nicht. Manchmal schmerzen mich die Zehen, die ich gar nicht mehr habe. Im Augenblick bewege ich sie im warmen Wasser, das tut ihnen gut.

Er spritzte Thomas an, der begonnen hatte, sich mit dem Schwamm abzureiben.

Krücke fuhr fort: Wahrscheinlich glaubst du, ich spinne. Wie können Zehen etwas spüren, die Hunderte Kilometer entfernt von einem Sanitäter in einen Abfalleimer geworfen wurden? Aber es ist wahr. Man nennt das Phantomschmerzen. Ich habe ein Phantombein. Verstehst du. Ach, lassen wir's. Dreh dich rum, und ich rubbel dir den Rücken.

Und das tat er mit Hingabe. Krücke war wieder nah und vertraut. Thomas drehte sich blitzschnell um, rammte mit dem Kopf gegen Krückes knochige Brust. Krücke prustete, tauchte unter. Das Wasser schwappte aus der Badewanne.

Ihr Getöse rief Bronka auf den Plan. Sie ließ zwei ellenlange Handtücher wie Fahnen wehen. Nun reicht's! sagte sie. Ich denke nicht daran, den Rest der Nacht euer dreckiges Wasser aufzuwischen.

Sie fand offenbar nichts dabei, sie beide nackt zu sehen. Thomas sträubte sich nicht, als sie ihn in das Badetuch wickelte, ihn an sich drückte und trockenrieb. Sie tat es nicht anders als Mutter. Dann reichte sie ihm ein Männerhemd. Besseres habe sie nicht gefunden, er solle es für die Nacht anziehen.

Im Gänsemarsch zogen sie ins Schlafzimmer. Bronka voraus. Er in der Mitte. Krücke in einem knielangen, weißen Nachthemd am Schluß.

Thomas versank in dem weichen Bett. Seine Glieder, sein Körper wurden schwer. In seinen Kopf drangen schon undeutliche Traumbilder, allzu viele auf einmal. Er schaffte es kaum noch, gute Nacht zu sagen, doch er spürte noch, wie Krückes Hand sich um seinen Arm schloß. Bronka hinterließ genau über ihm eine kleine Duftwolke. Sie roch nach Küche und einem tollen Parfüm.

Onkel Krücke

Sie redeten und redeten. Ständig umschwirrten ihn Stimmen. Sosehr er sich auch anstrengte, verstehen konnte er sie nicht. Aber er wußte, sie redeten über ihn.

Er dachte gar nicht daran, das herrliche Bett zu verlassen. Krücke lag nicht mehr neben ihm. Thomas zog die Decke bis unter die Augen, fing an zu schwitzen, denn die Wärme des Tages strömte durch die offenen Fenster. Rufe drangen von der Straße herauf, und manchmal das Gepolter eines Wagens.

Krücke! rief er leise.

Niemand antwortete. Im Grunde wollte er auch keine Antwort, sich bloß ungestört weiter im Bett räkeln, bis alles wieder so sein würde, wie es gewesen war. Bis Mutter ins Zimmer träte, um ihn aus den Federn zu scheuchen. Oder auch Krükke. Irgendwie gehörten die beiden für ihn zusammen. Aber nicht Mutter und Krücke, sondern Bronka und Krücke unterhielten sich nebenan. Thomas setzte sich auf. Jetzt konnte er sie verstehen.

Krücke schien erregt zu sein.

Aber ich habe doch auf der Polizeiwache im 21. Bezirk den Bescheid bekommen, daß diese Wanda umgekommen ist, daß sie nicht mehr lebt. Wie viele Male soll ich dir das noch sagen, Bronka. Wer soll sich um ihn kümmern?

Bronka bemühte sich, ihn zu beruhigen. Du machst dir was vor, Krücke. Sie haben dir erklärt, diese Wanda sei vermißt. Sie könnte also noch am Leben sein. Warum nicht?

Ach, du. Krücke gab nach.

Thomas sah ihn vor sich, wie er zusammensackte, sich mit beiden Händen durchs Haar fuhr. Er war nahe daran, aus dem Bett zu springen und hinüberzulaufen. Aber da sprach Bronka, ungeheuer sachlich, als ginge es gar nicht um ihn: Sosehr du den Jungen ins Herz geschlossen hast (das stimmt, dachte Thomas, Krücke mag mich, selbst wenn er mich manchmal grob behandelt) – du kannst ihn nicht so einfach mitschleppen. Seine Mutter sucht nach ihm.

Dieser Satz traf Thomas. Bisher war er nie auf die Idee gekommen, daß Mama ihn suchen könne. Immer war er nur auf der Suche nach ihr gewesen. Und nach Wanda.

Sicher wird sie sich an das Rote Kreuz gewandt haben, sagte Bronka.

Ja, pflichtete Krücke ihr bei. Wahrscheinlich.

Dort wirst du Tom melden müssen. Auf alle Fälle.

Ja, sagte Krücke. Sicher.

Außerdem weißt du, daß man die elternlosen Kinder einsammelt. In Grinzing, in Wiener Neustadt sind Heime für sie eingerichtet worden.

Ja, sagte Krücke.

Es hat also keinen Sinn, die Angelegenheit hinauszuschieben. Von Tag zu Tag wird es dir schwerer fallen, dich von dem Jungen zu trennen. Oder hast du womöglich vor, ihn mit nach Deutschland zu nehmen? Willst du ihn dir als Reisegepäck aufhalsen?

Bronka, sagte Krücke. Weiter kam er nicht.

Nein! schrie Thomas. So durften sie nicht über ihn sprechen. Wie über ein Gepäckstück, das sie irgendwo abstellen wollten. Als hätte ihn Krücke nicht bei sich aufgenommen. Nein, schrie er noch einmal, gegen seine Angst, gegen seine Wut. Krücke stand schon in der Tür. Ein paar Schritte hinter ihm Bronka.

Sie preßte die Faust gegen den Mund, als wollte sie alles, was sie gesagt hatte, zurückstopfen.

Sie sah ihn mit ihren großen grauen Augen an.

Krücke schüttelte ärgerlich den Kopf. Wie gedankenlos von uns. Entschuldige, Thomas. Aber – er hielt inne, ließ sich zwischen die Krücken sinken, wie stets, wenn ihn etwas quälte, und fuhr nun mit leiser, rauher Stimme fort: Wir sind schuldlos, du hast recht, es hat sich so entwickelt. Ich hätte dich gleich wegschicken sollen. Zu Beginn warst du mir noch egal, sogar lästig. Irgendein streunender Junge. Doch jetzt?

Das fragende Jetzt enthielt für Tom alles, was sie in den letzten Tagen gemeinsam erlebt hatten.

Jetzt, sagte Krücke, wird uns erst klar, daß wir wie Kinder handelten. Ohne groß nachzudenken. Bestimmt wird deine Mutter nach dir suchen lassen. Bestimmt hat sie, wenn sich eine Gelegenheit ergab, deine Verwandten informiert. Du hast doch Großeltern, Tanten ...?

Tom nickte. Komisch, die waren ihm nie in den Sinn gekommen.

Unruhig geworden, schob Krücke ihn vor sich her. Sie setzten sich nebeneinander aufs Sofa.

Wir dürfen nichts mehr aufschieben, müssen das rasch hinter uns bringen. Das schmerzt am wenigsten.

Thomas merkte, daß er ihn nicht zu Wort kommen lassen, sich mit seiner Hektik die Traurigkeit austreiben wollte.

Wir schreiben alles auf!

Er bat Bronka, Papier und Bleistift zu bringen, und fragte Tom aus. Nach den Großeltern, nach Onkel Eugen, Mutters Bruder, der in Afrika vermißt war, nach Vaters Schwestern, deren Adresse Thomas nicht wußte. Wann Vater gefallen sei. Wie Mutter mit ihrem Mädchennamen heiße. Thomas gab, so gut er konnte, Auskunft.

Als Krücke die Fragen ausgegangen waren, mahnte er zur Eile: Zieh dich an, Tom, los, los, keine Müdigkeit vorschützen nach zwölf Stunden Schlaf. Er trieb ihn ins Bad, ließ ihn nicht aus den Augen, half ihm beim Anziehen, scheuchte ihn, unter dem Gelächter von Bronka, vor sich her, drückte ihm in der Küche noch ein Stück Brot in die Hand, und schon liefen sie die Treppe hinunter.

Krücke jagte, wie aufgezogen, in großen Sätzen vor Thomas und Bronka her. Die Häuser schienen in der entgegengesetzten Richtung zu hüpfen. Thomas kam nicht dazu, sich zu orientieren. Erst als sie den Stephansplatz überquerten, in den Graben einbogen, kannte er sich wieder aus.

Krücke, sagte er so leise, daß der ihn nicht hören konnte. Er meinte auch nicht den Krücke, der vor ihm herpreschte, sondern den anderen, lustigen, freundlichen, mit dem er gestern abend zusammen in der Badewanne war.

Unerwartet hielt Krücke in einer engen Gasse an. Thomas, in Gedanken versunken, rannte in ihn hinein. Krücke gelang es nur mit Mühe, das Gleichgewicht zu halten.

Und jetzt wirft der Lausejunge auch noch Krüppel um!

Das sollte sich witzig anhören, aber Krückes Gesicht blieb ernst und verbissen.

Da wären wir. Hier befindet sich das Internationale Rote Kreuz. Er holte tief Luft, sah Bronka hilfesuchend an, sagte: Bringen wir's hinter uns!

Das blieb ein guter Vorsatz. Hinter der Haustür kamen sie nicht weiter. Auf der steilen Treppe zum ersten Stock saßen Menschen, Schulter an Schulter, blickten ihnen gleichgültig entgegen, und einer aus der wartenden Menge sagte: Sie müssen sich schon, wie wir auch, gedulden.

Krücke fuhr sich mit der gespreizten Hand durchs Haar, ließ seinen Blick die Treppe hinauf- und hinuntersteigen und sagte: Mit der Geduld habe ich in den letzten Jahren schon meine Last gehabt. Er lehnte sich an die rissige Flurwand, zog Thomas an sich, ließ die rechte Hand in der Jackentasche arbeiten und zog eine Zigarette heraus.

Bronka hatte mit der Geduld anscheinend nur schlechte Erfahrungen gesammelt. Sie trat von einem Fuß auf den andern, rieb sich mit den Händen die Backen, bis sie glühten. Ich halte das nicht aus, murmelte sie und legte schon die Hand auf die Türklinke. Seid mir nicht böse. Ich verschwinde. Ihr kommt alleine zurecht. Ja?

Die Tür fiel hinter ihr zu.

Es war heiß im Treppenhaus, es stank nach Tabak, Schweiß und Schmutz. Hin und wieder rutschten die Leute auf der Treppe zusammen, um jemanden, der in einem der Büros abgefertigt worden war, hinunterzulassen.

Schau dir das an, sagte Krücke, die halbe Menschheit sucht oder wird gesucht. Mütter suchen Kinder, Frauen suchen Männer, Kinder suchen Eltern. Und das alles, weil der »größte Feldherr aller Zeiten« die halbe Welt erobern wollte.

Thomas mochte es nicht, wenn die Erwachsenen jetzt so über den Führer sprachen. Vorher hatten sie ihn bewundert. Krücke sicher nicht. Schon wegen dem Bein. Vielleicht hat er überhaupt etwas gegen Hitler gehabt. Er erinnerte sich, wie Vater von der Front kam, Urlaub machte. Sie hörten Radio. Es kamen Meldungen über Siege an bestimmten Frontabschnitten. Vater stellte den Apparat lauter und sagte am Ende: Man muß nur an den Führer glauben, schon klappt es!

Bald darauf war er gefallen. Mutter hatte sich in der Küche eingeschlossen. Er hatte sich vor die Tür gesetzt und lange warten müssen, bis sie herauskam, irgendwie verändert, stiller und gleichgültiger.

Allmählich arbeiteten sich Krücke und Thomas sitzend Stufe um Stufe hoch. Oben im Flur rutschten sie dann auf Bänken weiter.

Als sie schließlich vor dem älteren Mann standen, der sich offenbar hinter einem Papierberg verschanzt hatte, ging es schnell.

Wollen Sie eine Meldung aufgeben? fragte der Mann.

Ja, sagte Krücke, der Junge hier sucht seine Mutter.

Sind Sie der Vater?

Nein, sein Vater ist gefallen.

Der Mann schaute Thomas an und gleichzeitig durch ihn hindurch. Wo bist du untergebracht?

Thomas zeigte auf Krücke: Bei ihm.

Sie haben eine Wohnung und sind angemeldet?

Krücke nickte und schickte ein trockenes Ja nach.

Der Mann vom Roten Kreuz gab sich damit zufrieden.

Sind Sie mit dem Buben verwandt?

Ja.

Bist du gemeldet?

Wie? fragte Thomas.

Ja, antwortete an seiner Stelle Krücke.

Der Mann zog zwei Blätter aus einer Schublade. Es seien Formulare für die internationalen Suchanzeigen. Die sollten sie gewissenhaft und genau ausfüllen und an die angegebene Adresse in Genf schicken. Wenn sich etwas ergäbe, im Guten wie im Schlechten, erhielten sie Bescheid. Das wäre wohl alles, erklärte der Mann.

Krücke war schon unterwegs zur Tür. Thomas mit ihm. Draußen auf dem Gang riß er einen Krückstock hoch, lehnte sich leicht gegen Thomas, versetzte ihm mit dem Ellenbogen einen Stoß.

Und jetzt? fragte Thomas.

Jetzt erstatten wir Bronka Meldung.

Und das Heim, von dem Bronka geredet hat?

Das kommt für dich nicht in Frage.

Der Wind wehte auf einmal freundlicher, kühlte sein Gesicht. Der Himmel war blauer, die Häuser sahen gewaschen aus, und die Leute, die ihnen begegneten, schienen sich mit ihm über seinen neugewonnenen Onkel zu freuen, der schlicht und einfach Krücke gerufen werden wollte.

Drei Perser für fünf Ferkel

Langweilig wurde es ihm mit Bronka und Krücke nie. Die Wohnung glich einem Taubenschlag. Oft klingelte es an der Tür, oft erschienen neue, ungewöhnliche, verrückte Gäste. Mit der Zeit lernte er sie näher kennen. Ferdi zum Beispiel kam nicht einfach zur Tür herein, er trat auf.

Jedesmal war ihm Beifall sicher.

Alles an ihm war poliert: das glatt nach hinten gekämmte Haar, das arglose runde Gesicht, der immer gleiche, immer fleckenlose Anzug und die schwarzen Lackschuhe. Er sei, behauptete er, von Beruf Kavalier, und das genüge ihm. In Wahrheit lebte er vom Schwarzhandel. Er hatte den Ruf, alles beschaffen zu können, was gewünscht wurde.

Bronka mochte ihn nicht. Krücke jedoch ließ nichts auf ihn kommen. Er habe die besten Verbindungen, man könne mit ihm Pferde stehlen. Das hielt Bronka für übertrieben: Er wird dir weismachen, es seien Pferde. Schaust du genau hin, sind's bestenfalls Ziegen.

Boris, ein anderer Gast, flößte ihm anfänglich Angst ein. Er war russischer Offizier und sehr auf seine Würde bedacht. Er grüßte kaum. Mit Bronka unterhielt er sich nur auf russisch. Wenn er – und das geschah ohnehin selten – Krücke ansprach, mußte sie übersetzen. Thomas blieb für ihn Luft. Bis er einmal Fieber bekam und im Bett blieb. Da besuchte ihn ein ganz und gar veränderter, besorgt auf ihn einredender Boris und schob, den Finger auf die Lippen legend, eine Tafel Schokolade unter die Decke.

Krücke meinte dennoch, daß keiner aus diesem Mammut in Uniform schlau würde ...

David hingegen hatten alle gern. Bronka kannte ihn schon lange. Manchmal, wenn er besonders traurig war, nannte sie ihn »mein Totenvögelchen«. So sah er auch aus. Ein dünnes Gliedermännchen, auf dessen Hals ein kahlgeschorenes Köpfchen steckte. Wer ihm in die großen, wassergrauen Augen schaute, verlor sich in ihrer Tiefe. Auch David hatte mit undurchsichtigen Geschäften zu tun. Er war, wie Ferdi und Boris, ein Schieber. Hauptsächlich jedoch kümmerte er sich um Menschen ohne Paß und Heimat, polnische und ungarische Fremdarbeiter, die draußen vor der Stadt in Lagern hausten.

Bronka und David waren Juden. Als Thomas das von Krücke erfuhr, wollte er es nicht glauben. Er erinnerte sich, daß sein Lehrer die Juden als gefährliche Mißgeburten geschildert und das Wort »Volksschädlinge« in großen Buchstaben an die Tafel geschrieben hatte.

Wenn Erika auftauchte, spielte Krücke den Kavalier. Sie wußte bei weitem mehr, als in der Zeitung stand. Ich platze vor Neuigkeiten, lautete ihr Lieblingssatz. Das war tatsächlich zu befürchten, denn ihre Brust wölbte sich gewaltig vor Stolz und Aufregung. Krücke nahm sich ihrer an, sie solle sich doch erst einmal setzen, ein Schnäpschen mit ihm trinken.

Sie prosteten sich zu, und dann forderte Krücke sie auf:

Nun laß mal hören! – Worauf ein Sturzregen von Neuigkeiten auf sie niederprasselte. Für Thomas blieb es ein gräßliches Durcheinander von Namen und Ereignissen. Krücke jedoch hatte keine Mühe, es zu verstehen. Ab und zu unterbrach er Erika.

Mit einer solchen Zwischenfrage begann auch ihr »schweinisches Abenteuer«.

Was hast du eben von einem Schwein gefaselt? fragte Krücke.

Erika geriet aus der Fassung und aus dem Konzept. Sie verknotete ihre Hände, ließ ihre Brust beben. Wo bin ich stehengeblieben? Bei welchem Schwein? Wie kommst du überhaupt auf Schweine, Krücke?

Krücke blieb unerbittlich bei der Sache. Du erwähntest sie eben. Schweine irgendwo im Wienerwald. Schweine, die wir kaufen, eintauschen können. Gibt's die wirklich? Wie viele sind es?

Keiner verstand es so geschickt wie Krücke, Erikas Erzählknäuel aufzuwickeln. Ohne weitere Hilfe fand sie die Schweine: Ja, ja, die Schweinderln. Es sind fünf. Quicklebendig, fest im Speck. Wenn ich sie auch nicht gesehen hab, wird's schon stimmen. Der Besitzer besteht auf mindestens drei anständigen oder zwei erstklassigen Persern.

Teppiche meint sie, warf Krücke für Thomas erklärend ein.

Einige Angebote soll er bereits zurückgewiesen haben. Er hat scheint's Geschmack, oder er ist auf den Geschmack gekommen. Sie kicherte, erfreut über das gelungene Wortspiel. Wir wären also nicht die ersten? Krücke malte mit dem Zeigefinger abwechselnd unsichtbare Frage- und Ausrufezeichen auf die Tischplatte. Hat es dann überhaupt noch Sinn, mit ihm zu handeln?

Aber ja!

Thomas fand, daß sie in ihrem Eifer noch schöner wurde. Sie glühte. In ihre Augen trat ein irrer Glanz.

Ihr seid doch von ganz anderem Kaliber, Krücke. Die Adresse hab ich.

Dann ging es hin und her: Wer für die Perser sorgen werde. Ob Ferdi? Ob Boris? Gegen beide hatte Bronka Einwände und nannte eine bessere Adresse. Wie kommen wir hin? Wie schaut es aus mit den Kontrollen? Der Ort liegt in der russischen Zone. Wer fährt?

Dafür ist gesorgt! Erika klatschte in die Hände, stand auf. Kümmert ihr euch um die Perser! Ich kümmere mich um den Transport. Morgen um drei, pünktlich um drei, wartet ein Fahrer vorm Haus.

Sie verschwand. Krücke folgte ihr wenig später. Er wollte die Perser besorgen.

Thomas wagte nicht zu fragen, wie und bei wem. Krücke hätte es ohnehin nicht gesagt. Es genügt, sagte er immer, wenn ich mich allein mit meinem schlechten Gewissen unterhalte. Dazu brauche ich keine Gesprächsrunde.

Die Perser lagen am nächsten Morgen im Flur, drei lange Teppichwürste. Auch Erika hatte Wort gehalten. Pünktlich klingelte der Fahrer.

Obwohl Krücke ihm eingeschärft hatte, sich aus dieser

brenzligen Sache herauszuhalten, mit Bronka einen schönen Tag zu verbringen, lief Thomas mit hinunter. Er half, die Teppiche einzuladen.

Erika hatte ein tolles Gespann aufgetrieben. Der Fahrer wirkte so rostig wie das Auto. An dem Auto, dem die Scheiben in den Seitenfenstern fehlten, hing ein hölzerner Kasten auf zwei Hartgummirädern. Sie mußten die Teppichrollen knicken, damit sie hineinpaßten.

Für die Schweine würde genügend Platz sein.

Was ist mit dem Buben? fragte der Fahrer, als Krücke sich ächzend in das Auto zwängte.

Was soll mit ihm sein?

Er könnte uns helfen. Bei den Militärkontrollen wirkt ein Kind immer.

Thomas ließ sich nicht zweimal bitten. Im Nu war er auf dem Rücksitz. Er fühlte sich wunderbar, für jedes Abenteuer gerüstet. Daß es zu regnen begonnen hatte, kümmerte ihn nicht. Er saß halbwegs im Trocknen, begleitet von zwei Männern, die sich auskannten.

Krücke schwieg beharrlich. Immer wieder bemühte sich der Fahrer, ein Gespräch zu beginnen. Ich heiße Emil Redlich, sagte er. Krücke dachte nicht daran, sich vorzustellen.

Thomas war mehr und mehr damit beschäftigt, seinen Hintern vor blauen Flecken zu bewahren. Überall auf der Straße hatten Granaten und Bomben ihre Spuren hinterlassen. Die Trümmer waren zwar zur Seite geräumt, doch das Auto rumpelte in Löcher und über Rinnen. Der Anhänger krachte, als werde er im nächsten Moment auseinanderfallen. Wenn Thomas sah, daß Redlich auf einen dieser kleinen Krater zusteuerte, drückte er sich mit den Armen hoch und fing den Schlag ab. Allmählich gewann er darin Übung.

Immer seltener säumten zerstörte Häuser den Weg. Bauern arbeiteten auf den Feldern, hin und wieder kam ihnen ein Militärauto entgegen.

Von weitem schon sahen sie die erste Streife. Mitten auf der Straße standen Soldaten, Rotarmisten, und winkten. Redlich blieb die Ruhe selber. Er zog die Bremse; doch das Auto hielt nicht an, wurde von dem Anhänger einfach noch ein Stück weitergeschoben. Bis knapp vor die Stiefelspitzen der Soldaten.

Das war nicht im Sinne des Erfinders. Ärgerlich riß Redlich an der Bremse.

Krücke brach sein Schweigen: So ist es, brummte er und schob sich im Sitz hoch. Sie kramten in ihren Taschen nach den Papieren.

Papiera, hatte einer der von Regen triefenden Soldaten gefordert. Papiera! Mit den Pässen zog er sich in einen Unterstand am Rande der Straße zurück.

Thomas beobachtete, wie er in den Ausweisen blätterte. Wie oft hatte er auf seinen Wanderungen erlebt, daß Leute von Soldaten nach Papieren gefragt wurden. Vielleicht überkam Soldaten, die gesiegt hatten, eine unstillbare Lust, Pässe zu prüfen. Vielleicht siegten sie, wenn sie jemandem einen Paß abverlangten, immer von neuem.

Der Soldat kam, drückte Redlich die Ausweise in die Hand

und deutete mit einer Kopfbewegung an, daß sie weiterfahren dürften. Das Auto sprang mit einem Satz nach vorn.

Sie werden es dir auf der Rückfahrt heimzahlen. Du hast die armen Kerle ganz schön bespritzt.

Krücke hatte sich entschlossen, redselig zu werden. Vielleicht nur, um Redlich zu fragen, warum die Soldaten nicht in den Anhänger geschaut hätten.

Redlichs Nacken straffte sich. Ich habe einen offiziellen Passierschein. Die sollen sich unterstehen, in einem offiziellen Transport zu wühlen.

Dann ist mir alles klar, sagte Krücke verständnisvoll. Da hat Boris, unser Schutzheiliger, seine Hand im Spiel. Und er hat sie sich dabei nicht einmal schmutzig gemacht. Denn wer will ihm vorwerfen, übel gehandelt zu haben, wenn er den Hunger seiner Mitmenschen lindern hilft?

Die Fahrt nahm kein Ende. Sie schlingerten durch kleine Ortschaften, auf schmalen Waldstraßen, Hügel hinauf und Hügel hinunter, wurden noch einige Male von Militärstreifen geprüft und durchgelassen.

Wir werden auf der Rückfahrt in die Nacht kommen. Krücke spuckte seinen Ärger aus dem Fenster.

Auch damit brachte er Redlich nicht aus der Ruhe. Das habe er einkalkuliert. Es sei eh alles Wurscht.

Sie kamen an. Aber nicht, wie Thomas es sich ausgemalt hatte, auf einem Bauernhof. Er sah keine Ställe und keine Scheunen, sondern eine Ansammlung von trostlosen, in Regenpfützen schwimmenden Holzhütten, umschlossen von einem finsteren Tannenwald.

Vor einer der Hütten standen zwei Männer. Es mußten Zwillinge sein. Sie trugen beide Stiefel, Reithosen, ein kariertes Hemd; beiden fielen struppige, schwarze Haare wie ein Pelz in die Stirn; beiden wuchs ein Bart rund um den Mund, der wie angeklebt aussah. Sie schienen es darauf anzulegen, verwechselt zu werden.

Thomas erwartete, daß sie sich auch gleichzeitig bewegten. Das geschah nicht. Der eine trat nach vorn, der andere blieb, die Arme vor der Brust verschränkt, im Hintergrund.

Der Junge bleibt im Auto, befand Redlich. Und Krücke stimmte ihm zu.

Es spielte sich alles schnell, beinahe wortlos ab. Die Männer begrüßten sich mit Handschlag, dann gingen sie zum Anhänger. Der Zwilling, der sich bisher zurückgehalten hatte, schloß sich ihnen an. Gemeinsam schleppten sie die Teppiche in das nächstgelegene Häuschen.

Die Tür schloß sich hinter ihnen.

Sie öffnete sich wieder.

Heraus trat einer der Zwillinge und stieß einen eigentümlich hohen Pfiff aus. Danach verschwand er. Nach einer Weile erschien er von neuem. Es konnte natürlich auch der andere sein. Alles wiederholte sich. Bloß der Pfiff klang anders. Und er hatte Wirkung. Er war das Signal für einen irren Auftritt: Zwei Frauen rasten, barfuß, nicht auf die Pfützen achtend, auf das Auto zu. Sie zerrten einen Pritschenwagen hinter sich her, auf dem zwei quiekende Kisten hin und her rutschten. Neben dem Anhänger stoppten sie, verstauten die Ladung. Jeder Handgriff saß.

Schon waren sie wieder unterwegs und hinter der Baracke verschwunden.

Darauf pfiff der Zwilling zweimal. Die Tür ging auf. Der andere Zwilling und Redlich und Krücke traten heraus. Zur Verabschiedung stellten sich die Zwillinge wieder nebeneinander. Thomas kniff die Augen zusammen, so daß er sie nur undeutlich sah. Sie schoben sich ineinander und wurden beinahe einer.

Krücke zog ihn aus dem Auto. Komm, wir müssen beide hinten in den Kasten. Die Kisten lassen sich nicht festzurren. Also müssen wir sie irgendwie halten. Sonst drehen die Schweine durch.

Sie krochen in den Anhänger. Redlich drückte hinter ihnen die Klappe zu. Durch die Fugen zwischen den Brettern fiel genügend Licht.

Thomas musterte die Ladung: Das sind doch gar keine Schweine, Krücke! Das sind Ferkel. Die haben euch beschissen.

Krücke schob mit dem Rücken eine der Kisten gegen die Wand. Na ja. Beschissen, wenn schon, haben wir uns gegenseitig. Wir haben diesen Brüdern auch keine echten Perserteppiche gegeben, sondern im besten Fall Perserchen.

Thomas mochte es nicht, wenn Krücke so sprach.

Krücke rieb sich nachdenklich den Beinstumpf. Ja, wir sind heruntergekommen, sagte er mehr zu sich selber. Was heißt das schon in diesen Zeiten: Auf dem Teppich bleiben! Teppiche kann man nicht fressen, Ferkelchen schon.

Gleichzeitig fuhr Redlich an. Der Anhänger hopste von einer Unebenheit zur andern. Nur mit Mühe schaffte es Thomas, die Kiste zu halten. Was die Ferkel keineswegs beruhigte. Sie quiekten, als ginge es ihnen jetzt schon ans Leben.

Lieber Himmel, das kann eine Reise werden, stöhnte Krücke.

Es wurde eine. Sie rutschten, flogen in dem Anhänger herum, klammerten sich an den Kisten fest, wurden von ihnen gedrückt und gedrängt. Anfangs schrien die Ferkel ohne Unterbrechung, doch nach einigen Kilometern preßten sie sich erschöpft aneinander und quiekten nur noch leise.

Dieser verdammte Kasten, dieser wahnsinnige Redlich! Bald wird es uns ähnlich gehen wie diesen Viechern, fluchte Krücke. Seine Krückstöcke hatten sich selbständig gemacht und waren ihnen um die Ohren geflogen.

Fang wenigstens eines dieser Dinger ein und setz dich drauf, Tom.

In kurzen Abständen hielten sie zweimal nacheinander an. Stimmen waren draußen zu hören. Krücke legte warnend den Finger auf die Lippen. Was einige der Ferkel veranlaßte, endlich wieder zu quieken. Thomas wartete darauf, daß sich die Klappe öffnete und sie von Soldaten herausgerufen würden. Samt den Ferkeln. Aber Redlich war schlau. Sobald eines der Schweine laut wurde, trat er aufs Gas und erhob seine Stimme. Wahrscheinlich hielten ihn die Soldaten für einen Deppen. Auf jeden Fall hatte er mit seinem Spiel Erfolg. Sie kamen durch, ohne daß der Anhänger kontrolliert wurde.

Die kleinen Siege machten Redlich anscheinend übermütig. Er fuhr auf Wegen, die nur noch von fern an Straßen erinnerten. Der Kasten befand sich mehr in der Luft als auf der Erde. Er sprang, neigte sich nach links, nach rechts, wie die Last eben gerade verteilt und verrutscht war, setzte dann mit solcher Wucht auf, daß die Bretter nicht mehr nur krachten, sondern zu splittern begannen.

Die Ferkel gaben keinen Ton mehr von sich.

Dafür Krücke. Außer sich vor Zorn brüllte er gegen den Krach an, forderte Redlich auf, unverzüglich zu halten, sonst werde er ihm Beine machen, ihm zeigen, was eine Harke, nein, was eine Krücke ist. Du Schramme! Du Schrumpfkopf! schrie er, dann war die Luft raus. Er sackte zusammen und fragte Thomas, ob er denn diese Tortur noch länger aushalten könne.

Es geht schon, Krücke.

Thomas log nicht. Die ganze Fahrt kam ihm unwirklich vor. So, als träume er – von Redlich und dem Anhänger, von den Zwillingen und den beiden bloßfüßigen Frauen. Vielleicht, schoß es ihm durch den Kopf, träumte er nur einen unendlich langen Traum, saß mit Mutter im Zug, und gleich würde sie ihn wecken. Und er würde eine Weile brauchen, um den Traum zu vergessen.

Doch da war der fluchende Krücke. Da war der Gestank der Schweine. Und es drang kein Licht mehr durch die Ritzen. Draußen mußte es Nacht geworden sein. Sie saßen blind in dem Kasten, Redlichs Verrücktheiten ausgeliefert.

Unversehens sprang und stieß der Anhänger nicht mehr in einer Spur, er schleuderte, schaukelte, senkte sich nach vorn, nach hinten, wurde zum Karussell, drehte sich um seine eigene Achse, holperte weiter, rutschte. Eine der Kisten drückte Thomas gegen die Wand. Er klammerte sich an ihr fest, wurde aber von ihr quer durch den Wagen gerissen und blieb an Krücke hängen, der ihn blitzschnell an sich zog. Erst verstand Thomas nicht, was Krücke stammelte. Dann war es ihm selber klar: Der Anhänger hatte sich vom Auto losgerissen und rollte ohne Führung.

Es krachte. Der Kasten kippte nach vorn. Krücke rutschte quer, fing Thomas auf, konnte es aber nicht verhindern, daß eine Schweinekiste sich in den Rücken von Thomas rammte.

In der ungewohnten Stille hörte Thomas sich stöhnen.

Krücke rappelte sich hoch und versuchte die Tür, die jetzt wie ein Dach über ihnen lag, aufzustoßen. Wieder einmal erwiesen sich seine Krücken als Allzweckwerkzeuge. Sich auf die eine stützend, drückte er mit der andern die Klappe auf.

Sie blickten über die Wipfel von Bäumen hinweg in einen wunderbaren klaren Sternenhimmel. Tief atmeten sie ein. Thomas kletterte aus dem Kasten und half danach Krücke hinaus. Sie steckten im Wald. Der Anhänger klemmte an einem Abhang zwischen zwei Bäumen.

Zaghaft begannen die Ferkel zu quieken.

Thomas lehnte sich gegen einen Baum. Er zitterte am ganzen Leib, als fröstle es ihn.

Krücke strich ihm mit der Hand übers Haar, sagte: Das legt sich gleich. Nur die Angst muß noch raus.

Danach hielt er, wohl um die eigene Angst loszuwerden, eine Art Rede: Beruhige dich. Es ist alles noch einmal gutgegangen. O Redlich, wie wenig verdienst du deinen Namen.

Was hast du mit uns angestellt? Wo hast du uns abgestellt, du kleinkarierter Schinderhannes? Wie, meinst du, finden wir mit den Ferkelchen aus diesem Wald?

Wie gerufen, erschien Redlich zwischen den Bäumen, ruderte mit den Armen, beteuerte seine Unschuld: Hör mich an, Krücke, mach mir bloß keine Vorwürfe. Die Anhängerkupplung hielt es nicht aus. Ich habe diesen Weg gewählt, um Kontrollen zu vermeiden, verstehst du?

Krücke spuckte aus, beachtete Redlich nicht, der erleichtert dem Quieken der Ferkel lauschte: Na, wenigstens ist denen nichts zugestoßen.

Deine Freundlichkeit, Redlich, ist unermeßlich, stellte Krücke fest, könntest du dich bei Gelegenheit auch nach unserem Befinden erkundigen?

Das ersparte er sich. Er machte sich an dem Anhänger zu schaffen, versuchte ihn zu kippen, was ihm, ächzend und fluchend, auch gelang. Krücke half ihm nicht. Was hast du vor, Redlich? Planst du einen Fußmarsch? Sollen wir die Schweinekisten bis nach Wien schleppen?

Redlich winkte ab. Das Auto stehe in der Nähe.

Dorthin trugen sie die Kisten. Sie brachten sie ohne Schwierigkeiten im Auto unter.

Wieso, frag ich dich, haben wir einen Anhänger benötigt?

Redlich rieb sich mit dem Handrücken die Nase: No, konnte ich ahnen, daß deine Perser nur für Ferkel ausreichen? Ich habe mit ordentlichen Schweinen gerechnet.

Der Tag brach an. In Wien empfing sie die Sonne. Thomas hatte den Rest der Fahrt verschlafen. Redlich setzte sie vorm

Haus ab, versprach, in den nächsten Tagen das Fleisch und die Würste zu liefern.

Sie mußten nicht klingeln. Bronka erwartete sie in der offenen Wohnungstür. In ihren Augen standen Tränen. Sie wirkte noch zierlicher, zerbrechlicher als sonst. Sie stürzte sich auf Thomas, umarmte ihn. Ihr kommt spät! Ich fürchtete schon, es ist euch etwas zugestoßen.

Thomas drückte sein Gesicht an ihre Schulter. Er fand es herrlich, daß Bronka so um ihn besorgt war. Jetzt wußte er, daß sie ihn mochte. Und er mochte sie sehr. Beinahe so wie Krücke.

Der hatte schon am Küchentisch Platz genommen und kaute.

Einen Hunger habe ich, sage ich dir, wir konnten die Ferkel ja nicht anknabbern!

Bronka lächelte angestrengt. Was ihr einem antut! Erst habe ich das Abendessen für euch gerichtet, dann einen Imbiß für die Nacht und nun das Frühstück. War das nötig?

Frag Redlich, antwortete Krücke.

Sie aßen. Der Kaffeeduft stieg Thomas in die Nase. Er fühlte sich glücklich wie selten. Vielleicht, dachte er, mußte dieses Abenteuer sein.

Bronka war anderer Meinung. Mit solchem Unsinn ist jetzt Schluß, sagte sie. Du wirst dir eine Arbeit suchen, Krücke, oder mit einem der nächsten Transporte nach Deutschland fahren. Und ich werde mich mehr meinen Kindern widmen.

Thomas erschrak. Von welchen Kindern hatte sie eben gesprochen?

Hast du Kinder? fragte er.

Nein. Sie trank einen Schluck Kaffee und sagte dann: Ich habe keine. Sei unbesorgt. Ich bleibe hier, solange du mich brauchst. Und Krücke kann dir gelegentlich von meinen Kindern, die meine nicht sind, erzählen.

Fünf Wochen Galgenfrist

Zweimal hatte Krücke beim Roten Kreuz vorgesprochen, doch ohne Erfolg. Niemand habe sich bisher auf die Suchanzeige gemeldet.

Nun bist du schon länger als einen Monat bei uns, stellte Bronka fest.

Manchmal sprachen Bronka und Krücke über ihn, als säße er gar nicht am Tisch.

Tom müßte, fand Bronka, wieder zur Schule gehen. Und wir sollten ihn ordentlich bei der Polizei melden. Es gibt ihn sonst gar nicht. Bei den Behörden bleibt er unbekannt.

Was schadet es, fand Krücke, der Ämter und Behörden eher mied.

Es könnte uns falsch ausgelegt werden. Sie könnten uns vorwerfen, wir wollen Thomas verstecken, ihn für uns beanspruchen. Du nimmst es auf die leichte Schulter, Krücke, und bedenkst nicht die Folgen.

Warum soll ich zur Schule, fragte Thomas, wenn mich Krücke doch sowieso nach Deutschland mitnimmt?

Weil du verblödest, Tom. Hast du nicht erzählt, daß dein Vater Lehrer gewesen ist? Ich kann dich doch nicht nur Krücke überlassen. Er bringt dir bloß Unfug bei.

Das stimmte nicht. Sie hatte keine Ahnung. Sie wußte nicht, wie traurig Krücke darüber war, nichts Vernünftiges tun zu können. Und wie liebevoll er von ihr sprach. Vielleicht übertrieb sie, um Krücke aus der Ruhe zu bringen, und sie merkte nicht, daß es eine gefährliche und traurige Ruhe war. Krücke hatte die Geschäfte mit den Schiebern längst satt. Er beneidete Bronka um ihre Aufgabe, diesen, wie er gesagt hatte, elternlosen Bälgern, diesen armen Würmern zu helfen. Eigentlich gehörte er auch zu Bronkas Kindern, fand Thomas. Doch das würde sie sicher bestreiten.

Weshalb Bronka sie an manchen Tagen allein ließ, weshalb sie nachts häufig über Papieren saß und auf einer schrottreifen Reiseschreibmaschine lange Briefe und Berichte tippte, erfuhr Thomas, wie manche andere Geschichte aus Krückes Leben, an einem der endlosen faulen Bettvormittage.

Verließ Bronka früh die Wohnung, konnte es geschehen, daß aus Krückes Bett ein sattes, zufriedenes Brummen drang. Das war die Einleitung des Bettvormittags. Was ihr folgte, änderte sich so gut wie nie.

Wie wär's mit einem ausgiebigen Frühstück in der Falle?

Thomas mußte nicht antworten. Krücke setzte seine Zustimmung voraus. Er schob sich aus dem Bett, ging in die Küche, machte sich dort brummend und pfeifend zu schaffen, und am Ende forderte er Thomas auf, das verdammte Tablett, das er nicht balancieren könne, gefälligst abzuholen.

Krücke legte Wert auf Andacht: Beim Essen wird nicht gequatscht!

Bedeckte nur noch ein Rest Kaffee den Tassenboden, lag es bei Thomas, mit einer Frage zu beginnen. Für die Fortsetzung sorgte dann Krücke. Und er liebte es nicht, dabei unterbrochen zu werden.

Warum hast du eigentlich da draußen in dem Bauwagen gewohnt und nicht hier, bei Bronka? Habt ihr Krach gehabt?

Krücke drehte sich eine Zigarette, hob sie, nachdem er sie angezündet hatte, in Augenhöhe und erklärte ihm und sich: Im Bette soll man nicht rauchen! Danach schob er sich das Kopfkissen in den Nacken, warf einen prüfenden Blick zu Thomas hinüber: Krach, hast du gesagt? Nein. Mit Bronka kannst du herrlich streiten, das stimmt, aber billigen Krach haben, das nicht. Ich bin damals für ein paar Tage rausgezogen, weil – er sog hörbar an der Zigarette und spuckte einen Tabakkrümel in die Luft.

So geht das nicht, sagte Krücke. Ich muß von vorn anfangen. Wie ich sie kennenlernte. Es ist eine Weile her. Es war im August 1944 in Breslau. Kurz davor hatte Stauffenberg vergeblich versucht, Hitler mit einer Bombe in die Luft zu sprengen. Wir waren kreuzunglücklich, daß der Anschlag schiefgegangen war. Mit »wir« meine ich eine kleine Gruppe von Studenten, meist zum Krüppel geschossenen ehemaligen Soldaten. Wir hofften, daß es mit dem Krieg, mit Hitler, mit den Nazis bald ein Ende habe. Wir diskutierten uns die Köpfe heiß. Wir entwarfen Flugblätter, die wir dann doch nicht verteilten. Aus Angst, aus Mutlosigkeit.

Mit einer heftigen Drehung der Hand drückte Krücke die Zigarette in der Untertasse aus.

Einer meiner Freunde, fuhr er fort, zog mich ins Vertrauen, bat mich um Hilfe. Er und seine Frau hielten seit ein paar Wochen eine junge Frau versteckt, eine Jüdin. Sie könne sich nicht länger bei ihnen aufhalten, da sein Schwiegervater zu

Besuch komme, der ein unverbesserlicher Nazi sei. Ob ich nicht? fragte mein Freund.

Krücke pochte sich mit der Faust gegen die Brust. Ich seh mich noch dastehen, blöd, hör mich stottern. Lauter ängstliche, abwehrende Gedanken jagten mir durch den Kopf. Was denkt der sich? Wie soll ich? Wohin mit ihr? Mein Freund bemerkte meine Unschlüssigkeit und sagte, ich solle es mir überlegen. Das tat ich nicht. Ich überrannte einfach meine Feigheit. In der Nacht holte ich sie ab. Sie zeigte keine Spur von Furcht, war ein freches, gewitztes Vögelchen. Ich will dir nicht schildern, Tom, welche Schlupfwinkel ich für sie fand, wie ich liebe Nachbarn fürchten und hassen lernte. Da wurde eben, wie oft in jenen Tagen, das Entsetzliche komisch und das Komische entsetzlich. Bronka auf jeden Fall hatte sich in den Kopf gesetzt, nach Wien zu gelangen. Sie wußte da zwei Adressen. Da würde sie halbwegs sicher sein. Was blieb mir anderes übrig, als mich mit ihr auf den Weg zu machen. Der war, sag ich dir, eine Zumutung. Manchmal verlor ich allen Glauben hierherzukommen. Sie nie. Nicht einen Augenblick, sag ich dir. Was weiß ich, woher sie diese Kraft hat. Wir erreichten schließlich Wien, und die Adresse stimmte. Es wurde uns fantastisch geholfen. Bronka bekam einen Paß, wurde ordnungsgemäß gemeldet, und wir bezogen diese Wohnung. Seither – ach ja, du wolltest wissen, weshalb ich da draußen auf dem Marchfeld hauste. Er lehnte sich zurück, blickte zur Decke, als könne er dort lesen, was ihm so schwer fiel zu sagen. Ich weiß nicht, Tom, ob du mich verstehst. Mogeln will ich nicht. Ich habe Bronka sehr lieb. Sie mich wohl auch. Uns verbindet viel, wahrscheinlich zu viel. Genau das tut oft weh. Vor allem dann, wenn einem klar wird, daß man sich irgendwann trennen muß. Manchmal probier ich das aus. Das war's.

Aber …

Kein Aber! Energisch schüttelte Krücke den Kopf. Jetzt stehn wir beiden Faulpelze auf.

Ein anderes Mal begann Thomas den Bettvormittag mit einer Frage, die ihn seit langem bewegte: Warum lerne ich Bronkas Kinder nicht kennen? Was sind das für Kinder?

Krücke wälzte sich auf die Seite, so daß er Thomas im Blick hatte: Auch wenn du sie nicht zu Gesicht bekommst, mein Lieber, kennst du sie. Sie sind dir ähnlich. Wenigstens heute. Als du ein kleiner Nazi warst, ein schmucker Pimpf mit dem Führerbild im Kopf, wurden sie zusammen mit ihren Eltern aus ihrer Heimat nach Deutschland verschleppt, Fremdarbeiterkinder. Oder sie begleiteten, weil sie Juden sind, ihre Mutter, ihren Vater, ihre Schwester ins Konzentrationslager, KZ-Kinder. Krücke sah in sich hinein. Er schien Kinder zu sehen, in einer endlosen Reihe. Dann fuhr er fort: Manche überlebten, nur die Mutter nicht. Nur der Vater nicht. So blieben sie übrig. Wie du auf dem Bahnsteig auch. Und es gibt eine Organisation, die sich vor allem der jüdischen Waisenkinder annimmt. Bronka arbeitet für sie, wenn man das als Arbeit bezeichnen mag. Sie lebt für die Kinder, weil sie überlebt hat. Und deswegen mußte ich sie auch kaum überreden, dich aufzunehmen. Klar?

Ja, Krücke. Im Grunde war nichts klar. Allzu viel blieb unverständlich.

Bronka trieb sie aus ihren Betten. Also, das geht nun wirklich zu weit! Ihr verschlaft die Hälfte eures Lebens. Du wirst nie auf einen grünen Zweig kommen, Tom. Krücke sowieso nicht. Dem ist sein Ast schon abgefault. Sie kramte in ihrer großen, unerschöpflichen Handtasche, hielt triumphierend ein paar Blätter in die Höhe. Ratet, was ich da für euch habe. Aber sie ließ sie gar nicht erst zu Wort kommen. Fahrbescheide für euch beide! Von der französischen Militärkommission. Ihr könnt mit einem Transport nach Deutschland.

Krücke schwieg und kaute auf den Lippen.

Bronka ließ den Arm sinken. Ihre grauen Augen bekamen einen dunklen Grund. Ja, ich weiß, wir haben nur noch fünf Wochen Zeit füreinander, sagte sie leise.

Thomas spürte eine Enge in der Brust – wie damals auf dem Bahnsteig, als Mutter verschwand.

Krücke rappelte sich auf. Er hing zwischen den Krücken wie eine Marionette an lockeren Fäden. Schon war Bronka bei ihm. Sie nahm ihn nicht in die Arme, legte bloß den Kopf an seine Brust. Und Krücke war wieder Krücke, als er fragte: Wer soll nun wen trösten, du Schaf?

Abschied von Bronka

Thomas begann die Tage zu zählen. Die Zeit rannte. Bronka hatte ihm und Krücke verboten, von Abschied zu sprechen. Doch der Abschied steckte in ihnen. Sie waren unruhig und launisch. Es gab keine Bettvormittage mehr. Krücke drehte, wie er behauptete, seine letzten Runden, besuchte Freunde und Bekannte. Nicht ohne Grund. Er hatte vor, Bronka zur Erinnerung ein schönes Schmuckstück zu schenken.

Krücke öffneten sich Türen, wenn er es wünschte. Er wurde auf dem Ring, wo Menschen in Pulks zusammenstanden, mit freundlichem Gemurmel begrüßt.

Du kennst hier fast jeden?

Weißt du, Tom, hier bescheißt jeder jeden und handelt jeder mit allem. Nur kommt es darauf an, wie. Vor allem darfst du den andern nicht für blöder halten als dich selbst. Dann kommst du fast mit allen aus, nur nicht mit denen, die hoch hinauswollen. Denen gehst du besser aus dem Weg.

In einem Café am Ring warteten sie auf einen Kumpel Krückes. Vielleicht könnte der ihnen einen schönen Ring oder ein Armband beschaffen. Darauf sei er spezialisiert.

Und womit bezahlst du dann? fragte Thomas.

Krücke kratzte sich im Nacken, unschlüssig und nachdenklich: Das wird sich finden. Bestimmt nicht mit neuen Schillingen. Die sind zu kostbar. Da kommt er schon, der Poldi.

Krücke winkte einem kleinen, auffallend adrett angezogenen Herrn. Der kurvte, mit den Armen rudernd, zwischen den Tischen, grüßte nach allen Seiten, machte den Eindruck, als ob ihm das ganze Café gehörte. Mit einem »Servus« ließ er sich an ihrem Tisch nieder, lächelte Krücke zu, streifte Thomas mit einem fragenden Blick, fuhr mit der Hand in die Jakke und zog ein flaches, schwarzes Kästchen heraus.

Du bist, scheint's, in Eile, Poldi?

Das kann man sagen. Er öffnete das Kästchen, hielt jedoch schützend die Hand darüber, die Krücke ein wenig zur Seite schob.

Sehen möchte ich deine Schätze schon.

Und es waren Schätze! Goldene Ringe, an denen Steine funkelten und glühten, Armbänder und Ketten.

Poldi gönnte ihnen nur einen kurzen Blick. Seufzend, als leide er unter seinem Besitz, steckte er das Kästchen in die Tasche, erhob sich und verließ sie ohne Gruß.

Verblüfft sah Thomas ihm nach. Warum läßt du ihn laufen, Krücke? Das waren doch wunderschöne Ringe.

Krücke legte den Finger auf die Lippen. Sprich leiser, du Esel, was geht das die andern an.

Er zog sich am Krückstock hoch, seufzte ähnlich wie Poldi: Ich muß kurz verschwinden. Rühre dich nicht vom Platz, und wenn dich jemand anspricht, stell dich taub.

Ohne jede Eile hüpfte er durchs Café und verschwand hinter der Tür zu den Klos.

Thomas mußte nicht lange warten.

Krücke zahlte, sie verließen das Café, und nach wenigen Schritten hielt Krücke an. Willst du ihn sehen? Wie ein Zauberer öffnete er die geballte Hand. Darin lag ein Ring. Er hatte ihn in der kurzen Zeit, in der er sich draußen aufhielt, eingehandelt. Schau ihn dir genau an, drängte Krücke. Steck ihn dir an den Finger, auch wenn er zu groß ist.

Der Ring sah aus wie eine goldene Schnur, die ein dicker Knoten zusammenfaßte. In ihm saßen, wie auf einer winzigen Krone, ein roter und zwei wasserhelle Steine. Der rote ist ein Rubin, erklärte Krücke, die beiden anderen sind Brillanten.

Der wird Bronka bestimmt gefallen, sagte Thomas, und Krücke stieß ihn vergnügt in die Seite: Das wollt ich dich eben fragen. Bist du sicher?

Ja, Krücke, schon wegen dem Rubin.

Krücke wickelte den Ring in ein Tuch und versenkte ihn in der Hosentasche.

Bronka hielt sie bei Laune. Sie führte sie aus und verstand sogar, Krücke zu überraschen.

Im Kino sahen sie einen russischen Film, in dem ein unerschrockener Held Bären, Geister und einen ausgemergelten Zauberer besiegte, und in einer Kellerwirtschaft hörten sie einer frechen Dame zu, die sich in ihren Liedern über Schieber, alte Nazis und neue Österreicher lustig machte.

In einer Ecke des Schlafzimmers stapelte Bronka alles, was sie für die Reise für nötig hielt. Wenn der Transport, wie geplant, am 3. Oktober abfahre, müßten sie mit Kälteeinbrüchen rechnen. Darum habe sie Tom lange Hosen besorgt. Er könne nicht bis in alle Ewigkeit in seinen kurzen Hosen herumlaufen.

Krücke meckerte über alles. Nur zwei Steppdecken fanden seine Gnade. Für sie nehme er manchen unnötigen Kram in Kauf. Ohne solche Decken sei man unterwegs aufgeschmissen. Er breitete eine im Zimmer aus, fragte Thomas: Schau sie dir an, was hast du vor dir?

Thomas antwortete verwirrt: Was soll es sein, Krücke? Eine Decke, eine Steppdecke.

Krücke hüpfte um die Decke herum, ohne daraufzutreten. Das ist richtig, eine Decke und ebenso eine Art Zimmer, ein abgesteckter Besitz, den niemand außer dir beanspruchen darf, auf dem du reist, ißt, schläfst, im schlimmsten Fall stirbst. Hast du das Ding mal irgendwo ausgebreitet, kann dir niemand deinen Platz nehmen. Verstehst du?

Bronka, die auf dem Bettrand saß, blickte lächelnd zu Krücke auf: Da spricht ein Nomade aus Erfahrung, Tom, glaub ihm. Er ist nichts, er hat nichts, doch auch das Nichts hat seine Grenzen. Es sind die Ränder der Decke.

Manchmal blieb Krücke jetzt über Nacht bei Bronka im Wohnzimmer. Manchmal beschlossen sie, ohne Grund, zu feiern. Bronka lud Boris, David und andere Freunde ein. Alle erzählten durcheinander und übertrafen sich in Geschichten, in denen sie gerade noch einmal davongekommen waren.

Ein letztes Mal wollte Krücke das Rote Kreuz aufsuchen, um sich nach Neuigkeiten zu erkundigen, und außerdem wollte er Thomas und sich abmelden. Er war bald wieder zurück. Nichts, sagte er, ging zu Thomas und nahm sein Gesicht zwischen die Hände.

Sie wird sich melden. Ich bin sicher. Sobald wir irgendwo

angekommen sind, geben wir dem Suchdienst unsere neue Adresse. Sie kann dich nicht verfehlen.

Krücke wollte seine Hände zurückziehen, doch Thomas hielt sie fest und drückte sie gegen seine Backen. Vielleicht war es ihm gar nicht so wichtig, daß Mama sich gleich meldete. Was würde dann mit Krücke geschehen?

Und was machst du, wenn wir fort sind, Bronka?

Ihr beiden Wahnsinnigen werdet mir fehlen. Wer wird mir, wenn es Krücke nicht mehr gibt, für meine Kinder Mehl, Trockenei und Trockenmilch besorgen? Sie sprach sich selber Mut zu: Es wird sich jemand finden. Bisher hat sich immer eine gute Seele gefunden. Und früher oder später, Tom, gehe ich nach Palästina. Das weiß ich.

Ich auch, Krücke lachte. Ich werde dir Briefe schreiben mit der Adresse »Jerusalem« und mir vorkommen wie ein rauschebärtiger Prophet.

Bist du sicher, daß alle Propheten bärtig waren, Krücke?

Was für eine Frage, Bronka, beim Bart des Propheten.

Sie reden Unsinn, dachte Thomas, um nicht zu zeigen, wie traurig sie sind.

Es war beschlossen, daß Redlich sie abhole und zum Gütergleis an der Linzer Straße bringe.

Ich kann nur hoffen, ohne Anhänger! Krücke mißtraute Redlich. Und Redlich kam nicht nur ohne Anhänger, auch ohne Auto. Vor dem Haus erwartete sie ein zum Kutscher verwandelter Redlich samt einer schönen alten Pferdedroschke.

Krücke nahm das Gespann in Augenschein, schneuzte sich

in ein auffallend frisches Taschentuch. Wenn sich auch Wien kaum an uns erinnern wird, sagte er, stilvoll werden wir verabschiedet. Immerhin! Was er mit einem vom Taschentuch gedämpften Posaunenstoß unterstrich.

Der Tag brach zögernd und herbstlich kalt an. Thomas fröstelte. Es war weniger die Kälte, die ihn angriff, als eine große Mutlosigkeit. War es nicht doch Unsinn, daß er sich Krücke anschloß? Mutter würde ihn bestimmt in Wien suchen. Und Bronka würde ihn gewiß noch eine Weile bei sich behalten.

Der Hufschlag der beiden Pferde vervielfachte sich im Echo, das die Häuserwände zurückwarfen. Hinter manchen Fenstern brannte Licht. Er saß zwischen Bronka und Krücke und fühlte sich so grau und ungut, wie der Morgen war.

Fehlt dir was? Bronka nahm seine Hand zwischen die ihren und rieb sie.

Nein.

Wirklich nicht?

Am liebsten hätte er geschrien, gebrüllt, mit den Füßen gestampft und so die quälende Unsicherheit ausgetobt, aber er sagte noch leiser: Nein.

Dann ist's ja gut.

Nichts ist gut, dachte er, alles ist durcheinander. Und ich komme da nicht mehr raus.

Krücke puffte ihn mit dem Ellenbogen. Gleich sind wir da, Kumpel. Wir müssen zusammenhalten. Niemand darf uns auseinanderbringen. Ist das klar?

Thomas nickte.

Krücke warf ihm einen mißtrauischen Blick zu: Krieg bloß

jetzt nicht das heulende Elend, Junge. Das bringt uns nur aus dem Konzept.

Die Droschke bog von der Straße ab, fuhr auf einem abschüssigen Weg zu einer Art Kai, an dem kein Fluß vorbeiströmte, sondern ein Eisenbahngleis entlangführte. Auf der Plattform drängte sich eine unüberschaubare Menschenmenge. Thomas konnte es sich nicht vorstellen, daß sie alle in einen Zug paßten.

Fahren die alle mit uns?

Das ist anzunehmen. Krücke drehte sich mit größter Geschwindigkeit eine Zigarette. Französische Soldaten liefen herum, teilten die Masse in kleine Gruppen auf, zählten, riefen sich Unverständliches zu.

Der Zug fuhr ein. Eine endlose Reihe von Güterwagen, auf die mit Kreide große Zahlen geschrieben standen.

Redlich und Bronka zerrten die Bündel und Taschen aus der Droschke. Krücke hing betont ruhig zwischen den Stökken, die Zigarette im Mundwinkel.

Sie werden uns aufrufen, Tom, samt der Nummer des Waggons, dem wir zugeteilt sind. Dann packst du unsere beiden Decken, spritzt los, so schnell du kannst, enterst den Wagen und breitest die Decken aus. Wenn du gut dran bist, in einer Ecke.

Ja, Krücke.

Bronka drückte ihn an sich, küßte ihn immer wieder auf die Backen: Ihre Tränen vermischten sich mit den seinen.

Halt die Ohren steif, Tom, und gib ein bissel auf Krücke acht. Du wirst deine Mama finden!

Behutsam befreite er sich aus ihrer Umarmung, verabschiedete sich von Redlich, der ihm eine Tafel Schokolade zusteckte, und faßte nach den gebündelten Steppdecken. Krücke sollte gleich zu Beginn sehen, daß auf ihn Verlaß war. Zwischen den Leuten bahnte er sich den Weg zu dem Podium, auf dem zwei Offiziere und ein Zivilist standen. Sie hielten Listen in der Hand. Sie begannen auch schon, die Reisenden aufzurufen:

Kramer Sybille, Waggon 5, Bertram Friedrich und Bertram Liese, Waggon 12.

Thomas schloß die Augen, konzentrierte sich. Die Bündel ließ er nicht los. Ein Name folgte dem andern. Womöglich hat man uns vergessen, dachte er. In diesem Moment hörte er Krückes trompetenhelle Stimme: Eberhard Wimmer, das bin ich, Thomas! Und Sohn, das bist du. Los, los, Waggon 7!

Thomas startete durch, rempelte gegen Leute, empfing Kopfnüsse, wurde geschubst, gescholten, stürzte ein paar Mal über Gepäckstücke, riß sich auf Schotter die Handfläche wund, sauste auf die Kreide-Sieben zu, warf die beiden Bündel in den Güterwagen, hangelte sich hoch, schoß auf eine leere Ecke zu, riß die Riemen auf, breitete die Decken aus, beide, und warf sich schwer atmend auf sie. Er hatte es geschafft. Nicht ganz. Er mußte erst einmal Grenzen verteidigen. Eine junge Frau schob, ohne zu fragen, eine der Decken einfach zur Seite und hatte mit seiner Wut nicht gerechnet: Sie, das ist nicht erlaubt, gleich kommt Krücke, und Sie bekommen es mit ihm zu tun! Und als zwei Jungen, nicht viel älter als er, sich am Rand der Decke niederließen, trat er, völlig außer sich, gegen ihre Rücken.

Haut bloß ab, das ist meine Decke. Sucht euch selber einen Platz. Die Jungen packten ihn, einer begann, ihn an den Haaren zu ziehen.

Krücke, komm doch endlich, dachte er. Der mußte seinen Kampf schon eine Weile verfolgt haben. Plötzlich schob sich ein Krückstock zwischen Thomas und die beiden Jungen: Laßt das, ihr Hohlköpfe. Und ab, sagte er. Laßt euch in dieser Ecke nicht so bald wieder erwischen. Klar?

Krücke betrachtete vergnügt die Insel, die Thomas erobert hatte. Prima, sagte er. Er fing an, die Gepäckstücke so zu verteilen, daß am Ende gerade genug Platz für sie beide blieb.

Der Zug fuhr ruckend an.

Schau, daß du zur Tür kommst und Bronka winkst. Auch für mich. Krücke ließ sich in der Ecke nieder, schloß die Augen. Auch für mich, wiederholte er.

In der Wagentür drängten sich die Abschiednehmenden. Thomas kauerte hin und spähte zwischen den Beinen durch. Bronka stand ganz allein. Redlich hatte es sich in der Droschke schon bequem gemacht.

Sie stand da, als hätte sie etwas vergessen und grüble darüber nach. Er konnte ihr nicht winken. Sie würde ihn sowieso nicht da unten zwischen den Beinen entdecken. Aber er sah sie. Er dachte: Ich hab dich lieb, Bronka. Und er dachte: Warum fahr ich nur weg.

Der Zug holperte in eine Kurve, Bronka verschwand, wie vom Boden verschluckt.

Hast du ihr den Ring gegeben? fragte er Krücke.
Ja.
Hat sie sich gefreut?
Und wie.

Zweierlei Pflichten

Seit drei Wochen waren sie nun schon unterwegs. Der Zug hielt mehr, als daß er fuhr. Jeder Wagen hatte vierzig Passagiere, manchmal auch ein paar mehr. Sie drängten sich, versuchten, ihre Plätze auszuweiten, ein bißchen mehr Bewegungsraum zu gewinnen. Oft gab es deswegen Streit.

Krücke hatte tagelang so gut wie nicht gesprochen, sich schweigend mit Thomas in die Schlange eingereiht, wenn auf kleinen Bahnstationen Eintopf und Verpflegungspäckchen von der französischen Armee verteilt wurden. Dennoch war es Krücke gelungen, daß ihm einige Frauen Zigaretten aus ihren Päckchen überließen. Wie, blieb Thomas ein Rätsel.

Von Tag zu Tag wurde es kälter. Viele froren, brachen immer wieder in Klagen über die üblen Zustände aus; die kleinen Kinder heulten, wenn sie nicht vor Erschöpfung schliefen.

Die große Schiebetür blieb geschlossen, obwohl es im Wagen entsetzlich stank. Daran war die Trockenmarmelade schuld, die sie in den Freßpäckchen neben Trockenmilch, Zwieback, Schokolade und Zigaretten gefunden hatten. Zuerst wußten sie mit den schwarzen Täfelchen nichts anzufangen, bis irgend jemand aus Hunger kühn ein Stück abbiß und den tollen Geschmack rühmte. Das Zeug schmeckte tatsächlich nicht schlecht, hatte man lange genug darauf herumgekaut. Und es wirkte. Die Leute bekamen Durchfall. Da die Zugleitung auf die Bedürfnisse einzelner keine Rücksicht nehmen und der Zug nicht ständig anhalten konnte, mußten sich die Bedrängten eines Klo-Eimers bedienen.

Die Enge führte zu Krach, der Gestank führte zu Krach. Jeder reagierte überempfindlich gegen jeden: daß die eine dauernd hustet, daß der andere schnarcht, daß dieses Gör immer brüllt und jenes ständig schnieft, daß die Schlampe sich auch auf Bahnhöfen nie wäscht, daß der alte Sabbergreis auf den Boden spucken muß …

Der Neue war erst gar nicht aufgefallen. Er hatte sich bei einem Zwischenhalt wahrscheinlich unter die Leute gemischt und war einfach mit eingestiegen. Eine Zeitlang hatte er es vermeiden können, jemandem den Platz zu stehlen, und sich an die Wagenwand gedrückt. Müde geworden, machte er sich breit und stieß sofort auch auf Widerstand.

Wo kommt denn der so plötzlich her?

Auf einmal waren alle wach und angespannt. Selten genug passierte etwas. Thomas sprang auf, Krücke faßte nach seiner Hand. Misch dich nicht ein, warte ab.

Der Neuling hatte sich aufgerichtet, stand betont lässig da. Die Neugierigen bildeten einen Kreis um ihn, schlossen ihn ein. Er lächelte, griff in die Tasche des Wehrmachtsmantels, an dem die Schulterklappen abgetrennt waren, zog ein Tuch heraus, nahm die Brille ab und begann sie zu putzen.

Mit jeder Geste führte er seine Ruhe und seine Überlegenheit vor.

In Thomas stieg die Wut hoch. Er wollte aufspringen, doch Krücke ließ ihn nicht los. Mach keinen Quatsch, murmelte er.

Solche Kerle kannte Thomas nur zu gut. Wo immer er sie

angetroffen hatte, in Kellern und auf Bahnhöfen, da mußten alle anderen kuschen. Ihre Kasernenhofstimmen erlaubten keinen Widerspruch. Auch nicht, als alles schon kaputt und der Krieg zu Ende war.

Doch dieser Kerl blieb stumm, gab keine Befehle. Er wartete ab.

Marie-Luise stellte die erste Frage. Thomas mochte sie. Sie regte sich nicht über jeden Quark auf, rief nicht fortwährend ihre beiden kleinen Söhne zur Ordnung, kümmerte sich auch um die älteren, spielte mit ihnen Mensch-ärgere-dich-nicht oder Karten.

Sie fing vorsichtig an: Haben Sie den Wagen verwechselt?

Der Mann setzte die Brille wieder auf. Nein, das nicht.

Aber das geht doch nicht, daß Sie ungefragt zusteigen.

Wieso nicht? Wen soll ich fragen? Sie?

Diesen Ton kannte Thomas. Dem Mann würde es ohne weiteres gelingen, Marie-Luise ins Unrecht zu setzen. Sag doch was, Krücke, flüsterte er.

Krücke winkte ab. Laß ihn erst mal.

Mich müssen Sie nicht fragen, sagte Marie-Luise, aber die Transportleitung.

Gibt es die?

Hilfesuchend schaute sich Marie-Luise um. Krücke zog das Bein an. Thomas wünschte, daß er sich endlich einmische, doch er schwieg, blieb sitzen.

Einer der Opas faßte Mut. Er bat den Mann, sich auszuweisen.

Wie kommen Sie dazu? Die Stimme des Eindringlings wurde um eine Spur heller und schärfer. Woher nehmen Sie sich das Recht? Weiter kam er nicht.

Halt! So schnell hatte sich Krücke noch nie an seinen Stökken hochgerissen. Mit ein paar Schwüngen durchquerte er den Waggon. Thomas setzte ihm nach.

Keiner sprach. Auch die Kinder waren jetzt still. Nur das Hämmern der Räder war zu hören und Krückes Atem. Thomas preßte die Faust gegen den Mund und kaute auf den Knöcheln. Er hatte Angst um Krücke.

Also, Kamerad, wo drückt der Schuh?

Verächtlich hatte der Mann Krücke von oben bis unten gemustert, ihn mit Blicken zurechtgewiesen. Nun schnappte er verblüfft nach Luft. Mit einer solchen Eröffnung hatte er nicht gerechnet.

Was soll das heißen?

Sie wurden gefragt, wer Sie sind, wie Sie heißen, und Sie haben die Auskunft verweigert.

Noch immer konnte der Mann Krückes Aufsässigkeit nicht fassen. Er rückte die Brille zurecht, wollte antworten, Krücke ließ es dazu nicht kommen: Ein solcher Ort ist ein prima Versteck. Unter so viel Elenden fällt man nicht auf, nicht wahr! Darum geht's doch?

Nach einer kleinen Pause, die Krücke auskostete, setzte er noch ein drängendes, fragendes Oder? hinzu.

Wenn schon. Der Fremde gab nach, aber nicht auf. Was haben wir schon verbrochen? Wir haben nur unsere Pflicht getan. Mit einem Mal gilt das nichts mehr. Mit einem Mal werden wir als Verbrecher gehetzt, Offiziere der deutschen

Wehrmacht! Als wolle er sich vor Verfolgern schützen, schloß er die Arme eng um die Brust.

Krücke drückte wie ein Storch sein Bein durch und deutete eine winzige Verbeugung an. Auch ich bin Offizier der Wehrmacht gewesen, Kamerad. Nur hetzt mich niemand. Verfolgt mich keiner. Ich wüßte auch nicht, weshalb. Ich nehme an, wir haben zweierlei Pflichten getan. Sie eine andere als ich.

Bisher hatte der Eindringling sich so gut wie nicht gerührt. Nun rückte er einen Schritt zur Seite, um seinem Gegner nicht mehr so unmittelbar ausgesetzt zu sein.

Als er sprach, war jeder Trompetenklang aus seiner Stimme gewichen. Er befahl nicht mehr, er flehte: Wir sind Deutsche, wir sollten einander in dieser entsetzlichen Not helfen. Ich bitte Sie, mich für einige Tage aufzunehmen. Sobald der Zug die deutsche Grenze erreicht, verschwinde ich.

Sie verschwinden, wenn der Zug das nächste Mal hält. Sollten Sie sich widersetzen, werfen wir Kinder, Frauen, Krüppel, Greise Sie mit vereinten Kräften hinaus.

Warum übertrieb Krücke so? Warum ließ er nicht mit sich reden? Thomas verstand diese Ablehnung nicht. Sie tat ihm weh. Er bekam Mitleid mit dem Eindringling. Auch die anderen.

Wieso soll er nicht ein paar Tage bleiben können? fragte eine Frau. Wir müssen nur ein bißchen zusammenrücken, mehr nicht. Uns hat er ja nichts getan.

Krücke blickte blinzelnd in den Waggon hinein: Nein, uns hat er nichts getan. Noch nicht. Wir sind ihm gleichgültig. Er gebraucht uns, wie er andere gebraucht hat. Gesetzt den Fall, wir werden heute kontrolliert. Was dann? Dann haben wir ihm, der wegen wirklicher oder vermeintlicher Schandtaten gesucht wird, Schutz gewährt. Uns mitschuldig gemacht. Und dann könnte unsere Reise vorzeitig beendet sein.

Krücke brauchte nicht weiterzureden. Der Zug hielt an. Die übliche Pinkelpause von zehn Minuten. Ungeduldige rissen die Tür auf. Ein kalter Wind fuhr in den Wagen.

Halt! rief Krücke wieder. Halt! Der steigt als erster aus, und da, wenn ich mich recht erinnere, deutsche Offiziere höflich sind, wird er uns auch nicht lange warten lassen. Einige von uns müssen nämlich mal dringend hinter die Büsche. Er nickte sehr ernst dem Mann zu: Gehen Sie! Zwingen Sie mich nicht, von Mannesmut und anderen Tugenden zu reden, die Sie noch vor kurzem eifrig verfochten haben. Bitte, sagte er noch einmal.

Alle starrten abwartend auf den Mann. Ein Kind sagte: Ich muß Pipi. Thomas hätte heulen können. Wahrscheinlich half Krücke ihnen. Doch dieser Kerl, der sich anfangs so aufgespielt hatte, wirkte nun furchtbar arm und allein. Sie sahen zu – manche seufzten auf –, wie der Fremde sich die Wand entlangdrückte, in kleinen Schritten, die Tür erreichte, noch einmal zögerte und schließlich hinunter auf den Schotter sprang. Er ging, ohne sich umzusehen.

Sie verrichteten ihre Notdurft.

Als die Lokomotive pfiff, befanden sich alle wieder an ihren Plätzen, in sich gekehrt, schweigsam.

Thomas drängte sich an Krücke und legte, als ihm die Tränen in die Augen schossen, seinen Kopf auf seine Brust.

Leise sprach Krücke auf ihn ein: Es ist schlimm, Tom, wenn Unrecht mit Unrecht vergolten wird. Ich habe damit nicht angefangen. Ich wünschte, ich könnte es ändern. Wahrscheinlich war er ein SS-Offizier, nach dem gefahndet wird. Diese Männer haben in vielen Fällen keine Gnade gekannt. Sie haben Mord befohlen und selber gemordet. Denk an Bronka! Sie hätte eines seiner Opfer sein können. Nein, ich will mich nicht als Richter aufspielen. Wahrscheinlich kommt er davon. Diese Burschen sind überlebenstüchtig. Vielleicht triffst du ihn eines Tages wieder als Fabrikdirektor oder in einem Büro, und er wird sich an nichts mehr erinnern. Aber so weit will ich nicht denken.

Krücke zog Thomas enger an sich. Schlaf, sagte er. Und wenn's geht, ohne zu träumen.

An der Grenze, doch nicht daheim

Die Stimmung im Wagen sieben sank auf Null – wie die Temperatur draußen. Beinahe alle Kinder fieberten, eingemummt in Mäntel und Decken. Einer der alten Männer, Opa Bednarz, lag im Sterben. Keiner wußte, auch die Transportleitung nicht, wann und wo der Zug je ankommen werde. Er fahre im Kreis, hieß es, kein Ort in Deutschland wolle die Flüchtlinge aufnehmen.

Krücke tröstete und beruhigte, riß Witze, spielte mit den Kindern, erfand Geschichten, in denen er selber stets als dummer August auftrat. Seit der Auseinandersetzung mit dem Fremden wurde er im Wagen respektiert.

Am Ende der fünften Woche starb Opa Bednarz. Seine Frau und andere Frauen hatten ihn abwechselnd gepflegt.

Jemand sagte: Opa Bednarz ist tot.

Er reiste mit ihnen und war doch nicht mehr dabei. Thomas hörte Frau Bednarz schluchzen. Er legte die Hände vors Gesicht und spähte durch die gespreizten Finger hinüber, wo der alte Mann auf einer Matratze lag. Er fürchtete sich vor dem Toten und betrachtete ihn doch neugierig.

Krücke spürte seine Beklommenheit. Komm, sagte er, wir wollen uns von dem alten Bednarz verabschieden.

Er schläft, dachte Thomas, er schläft, ohne zu atmen. Kein Fältchen bewegte sich in dem Gesicht, und die Augenlider blieben zu, ohne zu zucken.

Laß es dir gutgehen, Alter, wo auch immer, murmelte Krücke.

Beim nächsten Halt wurde Opa Bednarz aus dem Wagen geholt.

Seine Frau weigerte sich, weiter mitzufahren. Er wird hier beerdigt, sagte sie, und ich bleibe bei ihm. Vielleicht ist es ein Wink des Himmels.

Wie heißt das Nest überhaupt? fragte jemand.

Waldkirchen am Wesen.

Dann ist es nicht mehr weit nach Passau und zur Grenze. Eine der Frauen warf es ein. Ich weiß es sicher, ich kenne die Gegend.

Diese Feststellung wirkte wie ein Zauberspruch, der die Menschen und die Umgebung mit einem Schlag veränderte. Unruhe erfaßte sie. Alles, was sie gequält und bedrückt hatte, war vergessen. Die Kälte, die Ungewißheit, die Krankheiten, der alte Bednarz.

Die Grenze!

Der Zug fuhr an, und sie bemerkten es nicht. In ihren Gedanken eilten sie ihm voraus. Endlich gab es ein Ziel. Endlich reisten sie nicht mehr planlos umher.

Als gehorchten sie einem unausgesprochenen Befehl, begannen viele, ihr Gepäck zu ordnen. Manche suchten in den Taschen nach ihren Papieren. Frauen kämmten ihren Kindern die Haare, als müßten sie an der Grenze besonders fein erscheinen.

Auch Krücke wurde zappelig.

Setz dich, herrschte er Thomas an.

Aber ich sitze doch.

Ich meine, rutsch ein bißchen näher zu mir.

Warum denn?

Wütend packte Krücke ihn am Arm. Frag nicht. Tu, was ich dir sage.

Thomas schaute ihn erschrocken an. Nichts hatte Krücke auf der langen Fahrt aus der Ruhe bringen können. Auf einmal drehte er durch. So wichtig konnte die Grenze gar nicht sein.

Wahrscheinlich werden sie uns ausfragen, verstehst du.

Wieso?

Das fragst du auch noch. Krücke verdrehte die Augen, blies die Backen auf, als werde er im nächsten Augenblick platzen. Lieber Himmel, wie kann ein Mensch so vernagelt sein! Um sich selbst zu beruhigen, redete er besonders leise und betont: Du hast keine Papiere, Tom. Du kannst dich nicht ausweisen. Ich muß mich für dich verbürgen. Ich muß erklären, warum wir zusammen sind. Klar?

Ja. Dennoch hielt er Krückes Aufregung für übertrieben. Nie war er unterwegs nach einem Ausweis gefragt worden. Er besaß gar keinen. Mutter hatte irgendwann mal davon gesprochen, daß er in ihrem Paß eingetragen sei.

Für alle Fälle müssen wir uns noch einmal überlegen, wonach wir gefragt werden können. Wir dürfen uns nicht widersprechen. Sonst schöpfen die Verdacht und – Krücke atmete tief durch. Das ist gar nicht auszudenken! Also gib acht. Ich bin dein Onkel, verheiratet mit der Schwester deiner Mutter. Wir trafen uns zufällig in Wien, wo wir beide nach Tante

Wanda suchten. Wie dir deine Mutter auf dem Bahnhof in Kolin verlorenging, wie du dich nach Wien durchschlugst, das alles kannst du wahrheitsgetreu erzählen. Ich heiße Eberhard Wimmer. Krücke hob die Hand und zog bei jedem Namen, der fiel, einen Finger ein.

Thomas versuchte es ihm nachzumachen. So einfach es aussah, es gelang ihm nicht.

Bleib bei der Sache. Du heißt Thomas Schramm, dein Vater hieß Ferdinand Schramm. Deine Mutter heißt Erika und ist eine geborene Zeidler. Stimmt's?

Thomas fand an Krückes Aufzählung nichts auszusetzen. Ja.

Krücke betrachtete grüblerisch seine Hand mit den eingezogenen Fingern. Er hielt die gegenseitige Prüfung wohl für beendet, denn er ließ den Arm sinken, lehnte sich gegen die Wagenwand. Nachher, es eilt nicht, sollten wir unsere Siebensachen ordnen. Wer weiß, ob wir in diesem Luxuszug bleiben dürfen.

Thomas atmete auf. Der Witz hatte Krücke wieder.

Besonders Ungeduldige hatten die Tür ein wenig aufgeschoben, lugten hinaus und ließen die im Wagen wissen, was sie sahen: Wir fahren an einem Fluß entlang. Ein ziemlich enges Tal. Das ist wohl die Donau.

Unter den Passagieren breitete sich eine hektische Fröhlichkeit aus. Die kranken Kinder wollten nicht mehr ruhig liegenbleiben, und die Frauen redeten auf sie ein. Alte Männer erzählten, wie sie früher mal die Donau erlebt hatten. In Wien, in Melk, in Passau. Im Sommer, zusammen mit einer

Freundin. Im Frühjahr, als das Hochwasser die Uferstraßen überschwemmte. Wenigstens in ihren Geschichten floß die Donau mitten durch den Wagen.

Als der Zug schließlich hielt, draußen Stimmen laut wurden, saßen oder lagen sie erschöpft auf ihren angestammten Plätzen. Die Tür wurde aufgerissen, zwei Männer in Zivil musterten die Insassen, als handle es sich um Kisten oder Fässer. Der eine blätterte in einem Ordner, der andere bohrte in der Nase. Beide wirkten müde und gleichgültig. Wahrscheinlich, dachte Thomas, sind wir denen völlig egal, und sie fragen gar nicht viel.

Wagen sieben. Dreiundvierzig Personen, stellte der eine fest. Der andere zog den Finger aus der Nase und wiederholte die Angabe bestätigend, worauf Krücke in dem gleichen gelangweilten Tonfall sagte: Wagen sieben, einundvierzig Personen.

Das war zuviel für die beiden. Mit offenem Mund starrten sie in den Wagen. Was soll das? Wer war das?

Krücke zog sich hoch und hüpfte zur Tür.

Ich! Wir sind einundvierzig. Zwei Personen haben uns verlassen.

Verlassen? Der Mann fragte, als redete Krücke in einer fremden Sprache.

Ja, verlassen.

Haben sie sich wenigstens bei der Transportleitung abgemeldet?

Krücke hing zwischen den Stöcken wie ein Fragezeichen und ließ sich mit seiner Antwort Zeit. Da bringen Sie mich in

Verlegenheit. Das ist nicht so einfach zu beantworten. Sagen wir so: Opa Bednarz nicht, Oma Bednarz notgedrungen.

Sie sind wohl der Witzbold vom Dienst, was? Uns stehlen Sie nur Zeit. Wir fertigen hier täglich zwei Transporte ab. Können Sie sich vorstellen, was das bedeutet? Also, wie ist das mit den beiden Abgängen?

Er sagte »Abgänge«. Er schlug mit diesem Wort zu und traf sie alle. Es war ein böses, eisiges Wort.

Na, na, murmelte es im Wagen.

Krücke straffte sich, stand steif und ohne zu schwanken auf seinem Bein, blickte über die Männer hinweg auf eine langgestreckte Baracke. Da Sie auf Genauigkeit Wert legen, möchte auch ich genau sein: Der eine ging ab, die andere ging mit. Opa Bednarz starb. Seine Frau wollte bei ihm bleiben.

Es war eine Art zorniger Nachruf. Thomas dachte daran, wie Opa Bednarz aus dem Wagen gehoben und anstelle von Koffern und Kisten auf den Gepäckkarren gebettet wurde. Zwei Bahnbeamte zogen ihn den Zug entlang.

Oma Bednarz ging mutterseelenallein, ein Köfferchen in der Hand, hinter ihm her.

In Ordnung. Der Mann faltete die Listen und schob sie unter die Jacke.

Die Grenzer hatten Übung. Sie wurden in einer Geschwindigkeit abgefertigt, die ihnen den Atem verschlug. Über den Lautsprecher wurden ihre Namen aufgerufen. Dann hetzten sie auch schon durch einen Slalom, in dem gereinigt, ausgefragt, geprüft und bestätigt wurde. Thomas, voller Angst, von Krücke getrennt zu werden, immer neben ihm her.

Auf der ersten Station wurden sie eingestaubt. Männer und Frauen für sich. Los, los, keine Müdigkeit vortäuschen! Sie wurden aufgefordert, den Oberkörper freizumachen, die Hosen zu öffnen. Dann bewegten sie sich in einem komischen Zug, Schritt für Schritt, mit rutschenden Hosen auf zwei Weißkittel zu. Die bedienten ein staubsaugerähnliches Gerät, das allerdings keinen Staub saugte, sondern ihn in dikken Schwaden ausspie. Es sei nicht gefährlich, beteuerten die Männer an der Staubkanone. Der Staub wirke gegen Läuse, Wanzen, Krätze.

Manche lachten, wenn ihnen der Staubstrahl in die Hose fuhr. Krücke bat darum, sein leeres Hosenbein nicht mit diesem verdammten Zeug zu füllen. Thomas, der sich vorgenommen hatte, die Prozedur ruhig zu ertragen, sprang, als der Staubstrahl ihn traf, kichernd von einem Bein aufs andere. Bis Krücke ihn in den Rücken stieß: So genußvoll ist diese Angelegenheit auch wieder nicht.

An der zweiten Station erwartete sie ein Arzt. Von jedem verlangte er, den Mund so weit wie möglich zu öffnen. Kurz blickte er in den Schlund, nickte und bedankte sich.

Weißt du, was der untersucht hat? fragte Thomas auf dem Weg zur dritten Station.

Wie soll ich das wissen! Krücke spuckte so heftig aus, als wolle er das, was der Arzt gesehen hatte, loswerden. Warum hast du dich denn nicht bei dem Doktor selbst erkundigt. Wahrscheinlich wollte er Einblick nehmen in unsere Seele.

Die kann man doch überhaupt nicht sehen, Krücke.

Der vielleicht schon.

Am Ende des langgestreckten Schuppens, in dem es nach Stroh und Pferden roch, knäulte sich die Menschenschlange vor einer von Tischen gebildeten Schranke.

Thomas fand Zeit, sich umzuschauen. Er entdeckte, daß eine mannshohe Sichtblende den Raum teilte und die Schlange sich hinter ihr zurückbewegte. Jeder sprach gedämpft. So lag ein ununterbrochenes Gemurmel über allem. In größeren Abständen lehnten Soldaten an der Wand. Sie hatten, nahm Thomas an, darauf zu achten, daß die Leute in der Reihe blieben. Zu seinem Erstaunen waren es keine Franzosen, sondern Amerikaner. Er zerrte Krücke am Ärmel: Du, guck mal, das sind Amis.

Krücke regte sich darüber nicht auf. Ist doch völlig egal, sagte er. Hauptsache, sie lassen uns durch und in Ruhe.

An den Tischen mußten Fragebogen ausgefüllt werden.

Das hat uns gerade noch gefehlt. Krücke wurde unruhig, zündete sich umständlich eine Zigarette an.

Thomas schossen lauter blödsinnige Ideen durch den Kopf. Vielleicht fange ich an zu singen, dachte er, und lenke sie damit ab.

Endlich waren sie dran. Krücke überflog den Zettel und atmete erleichtert auf. Du brauchst nichts auszufüllen. Ich muß angeben, ob sich in meiner Begleitung ein Kind unter vierzehn Jahren befindet. Alles klar, Kumpel!

Er ließ sich auf einen Schemel sinken. Thomas gelang es eben noch, die Krückstöcke aufzufangen. Krücke begann zu schreiben. Neugierig schaute Thomas über seine Schulter. Offenbar war der Fragebogen nicht für Krücke ausgedacht.

Er konnte sich häufig mit Strichen begnügen. Mitglied der NSDAP? Strich! Mitglied der Waffen-SS? Strich!

Für den ausgefüllten Fragebogen bekamen sie nicht einen, sondern zwei Scheine. »Laufzettel« nannte sie die ältere Frau hinter dem Tisch.

Na, wenn das nichts ist! Krücke prustete wie ein auftauchender Wal. Zum ersten Mal bist du im Besitz eines Papiers. Er gab ihm das Blatt. Hüte es, mein Junge, und untersteh dich, es aufzufressen.

Die letzten Prüfungen hatten sie rasch hinter sich.

Scheine wurden gestempelt.

Jeder bekam ein Freßpaket.

Zum Schluß wurden ihre Namen auf einer Liste noch einmal abgehakt.

Da kann keiner verlorengehen, sagte Krücke.

Nacheinander kletterten sie wieder in den Wagen sieben. Jeder brachte sein Gerücht mit:

Der Transport fahre noch am Abend weiter.

Nein, sie müßten umsteigen.

Wahrscheinlich kämen sie nach Bayern.

Das sei doch Blödsinn. Es stehe fest, daß Thüringen das Ziel sei.

Krücke hörte kopfschüttelnd zu. Schließlich reichte es ihm: Also, ich würde mir den Kopf für andere nicht zerbrechen. Wahrscheinlich haben die so wenig Ahnung wie wir, und wir kurven noch eine Weile von Abstellgleis zu Abstellgleis!

Eines der Gerüchte bestätigte sich. Der Zug fuhr am Abend weiter.

Als sie es sich für die Nacht bequem machten, stellten sie fest, daß einer fehlte: Herr Böhmer ist nicht da! Und sein ganzer Kram reist mit uns.

Der ist festgehalten worden.

Wahrscheinlich hat der Dreck am Stecken.

Vor uns ist auch einer aus der Reihe geholt worden.

Aber gerade der Böhmer! Er hat sich doch die ganze Zeit anständig benommen.

Warum, grübelte Thomas, sieht man es jemandem nicht an, was er gewesen ist und was er getan hat? Müde wickelte er sich in seine Decke und schloß die Augen.

Liegst du gut, Tom? hörte er Krücke fragen, bevor ihn der Waggon sieben in den Schlaf schaukelte.

Licht hinter einem Fenster

In Landshut wurde der Transport abgestellt. Die Lokomotive verschwand in der weiten, unübersichtlichen Gleislandschaft. Selbst denen, die die Hoffnung nie aufgaben, war es klar, daß sie mit einer längeren Wartezeit rechnen müßten. Vergessen in einer Einöde, vertröstet von den Transportbegleitern, die wahrscheinlich genausowenig Bescheid wußten wie alle.

Krücke fand das nicht weiter verwunderlich. Überleg dir mal, Tom, wie viele Züge gleich dem unseren jetzt auf Fahrt sind. Von Osten nach Westen, von Norden nach Süden. Vollgestopft mit Menschen, die irgendwo ankommen wollen. Aber das Irgendwo hat noch nicht einmal einen Namen. Da ist es gut möglich, daß so ein Zug vergessen wird, aus den eilig zusammengestellten Fahrplänen verschwindet, für immer auf einem Abstellgleis landet.

Und dann? Thomas wehrte sich gegen Krückes Schwarzmalerei.

Und dann? Krücke tat erstaunt. Kannst du dir nicht vorstellen, was dann geschieht? Einer nach dem andern wird den Zug verlassen, über die Geleise gehen, hinein in die Stadt, nach einer Bleibe suchen, nach Arbeit oder weiterziehen. Wer möchte sich schon damit abfinden, einmal am Tag vom Roten Kreuz mit Suppe versorgt zu werden und nachts wie ein Schneider zu frieren. Bis auf einige, die bleiben werden. Die Mutlosen, die Müden. Irgendwann wird man sie entdecken und sie bestaunen wie Höhlenmenschen. Vielleicht wird man dann von Waggonmenschen sprechen.

Würden wir zu denen gehören?

Nein, sagte Krücke, bestimmt nicht. Darauf kannst du eine Kröte schlucken. Er wies mit seinem Krückstock hinaus auf die Geleise. An deiner Stelle würde ich hier nicht herumsitzen, sondern ein bißchen die Gegend erkunden.

Wie viele Bahnhöfe, Gütergleise, tote Geleise hatte er inzwischen schon kennengelernt! Längst machte es ihm keine Mühe mehr, auf Schotter oder Schwellen zu gehen. Waren die Bahnhöfe unbeschädigt, wurden meistens auch die Wartesäle geheizt, und man konnte sich aufwärmen, bis die Aufsichtsbeamten nach den Fahrkarten fragten und ungebetene Gäste verscheuchten.

Vorsichtig pirschte Thomas über die Geleise. Der Bahnhof war von Bombeneinschlägen aufgewühlt. Thomas mußte auf Krater achten, auf deren Grund sich schwarzes, öliges Wasser sammelte. Einige Geleise waren schon ausgebessert, und die von Explosionen gekrümmten Schienen lagen daneben. Andere Schienen bogen einfach ins Leere ab.

In einem Schuppen entdeckte er eine Draisine. Sie stand hinter dem halbgeöffneten Tor, als warte sie auf ihn. Er stieg auf die Plattform, hängte sich an den Antriebshebel, um ihn herunterzudrücken und den Schienenwagen in Bewegung zu setzen. Der Hebel gab nicht nach. Es war auch egal. Ihm genügte es schon, daß er die Augen schloß: Der Schienenwagen bewegte sich, rollte lautlos, wurde schneller und schneller, alle Signale gingen wie durch einen Zauber hoch, gaben freie

Fahrt. Am Rande der Strecke winkten Leute. Es wurde wärmer und heller. Er hatte den Winter hinter sich gelassen und fuhr in den Sommer hinein.

Stimmen rissen ihn aus seinen Träumereien. Zwei Bahnarbeiter kamen auf den Schuppen zu. Anscheinend hatten sie ihn noch nicht entdeckt. Sie unterhielten sich, blieben immer wieder stehen. Er duckte sich, sprang von der Draisine und versuchte, unbemerkt aus dem Tor zu schlüpfen. Das gelang ihm nicht.

Verdammt noch mal. Überall treibt sich dieses Gesindel herum, fluchte der eine Mann; der andere griff nach einem Schotterstein und warf nach Thomas.

Thomas rannte, stolperte über den nachgebenden Schotter, hüpfte über Schienen. Bei allem war er sicher, daß sie ihn nicht erwischen würden. Er schaute sich nicht um, hörte nur seinen eigenen Atem.

Schließlich hielt er an, sah sich um. Die beiden Männer hatten sich überhaupt nicht von der Stelle gerührt, seine Flucht nur beobachtet. Es ärgerte ihn, daß er seiner Angst nachgegeben hatte.

Weit entfernt stand der Transport, klein wie eine Spielzeugeisenbahn.

Was wird Krücke tun, wenn der Zug abfährt und ich nicht zurück bin? dachte er. Er lachte in sich hinein.

Wahrscheinlich wird er mit Geschrei und Drohungen versuchen, den Transport aufzuhalten. Aber ganz bestimmt wird er nicht nach ihm suchen. Er hüpfte nur äußerst ungern an seinen Krücken über den rutschenden Schotter.

Ein Mäuerchen trennte Thomas noch von einer Straße und einer schäbigen Häuserzeile. Nach Atem ringend, erklomm er die Mauer und machte es sich bequem.

Die Bahnarbeiter waren in dem Schuppen verschwunden. Er wollte so lange warten, bis sie das Gelände verließen. Wenn sie ihn erwischten, könnte es mit der Transportleitung Ärger geben.

Er legte sich, obwohl er den kalten Stein durch die Jacke spürte, auf den Rücken und verschränkte die Hände im Nacken.

Er hatte Zeit. Bald würde es dunkel werden.

An seinem Rand, dort, wo die Stadt sein mußte, wurde der Himmel gelb – ein trauriger, unfreundlicher Himmel. Schmutzige Wolken zogen so tief, daß sie beinahe die Hausdächer schrammten.

Ab und zu spähte Thomas hinüber zu dem Schuppen. Die Männer schienen für längere Zeit beschäftigt.

Ihm wurde kalt. Er setzte sich auf, zog die Beine an die Brust, döste. Es dämmerte. Vor ihm, in einem der Häuser gegenüber, ging hinter einem Fenster das Licht an. Der helle Ausschnitt in der Dämmerung entfaltete einen sonderbaren Sog. Er wünschte sich, in dem Zimmer zu sein – mit Mama, mit Krücke und Bronka rund um einen Tisch zu sitzen, nicht frierend wie hier draußen.

Gebannt blickte er auf den hellen Fleck. Er empfand Neid auf alle, die sich unter solch einem Licht in einem Zimmer aufhalten konnten, die zu Hause waren. Dann erfaßte ihn eine Welle von Trotz und Wut, und er war nahe daran, einen Stein in das Licht zu werfen, diese Leute zu strafen, die alles besaßen, sich um nichts kümmerten, sich hinter die Fenster zurückzogen, in die Wärme, in die Sicherheit.

Er sprang von der Mauer und lief langsam über die Geleise auf den Transport zu. Nun fürchtete er sich nicht mehr vor den Bahnarbeitern. Sie gehörten auch zu denen, die sich in warme Zimmer zurückziehen konnten. Sollten sie ihn erwischen, würde er schweigen und sie verachten. Und sie würden sich schämen müssen.

Doch als er an dem Schuppen vorüberkam, blieb es still. Die Arbeiter mußten ihn verlassen haben, als er auf das Fenster starrte.

Schritt für Schritt näherte er sich den Waggons. Auch sie waren eine Art Zuhause. Vor manchen Wagen brannte Feuer, schlugen Flammen hoch, und Menschen standen in einem engen Kreis um sie herum. An jedem der Wagen hing eine Petroleumlampe. Eine neben der anderen bildeten sie eine schüttere Girlande.

Krücke blickte kaum auf, als Thomas sich neben ihn setzte. Du bist ziemlich lange weggeblieben.

Ja.

Und was hast du entdeckt?

Da drüben in dem Schuppen steht eine Draisine.

Hattest du Lust, mit ihr abzuhauen?

Nein. Sie ging auch gar nicht.

Und das war alles?

Ja.

Dann wollen wir jetzt abendessen. Krücke zog aus dem Vorratskarton das Brot, schnitt vier Scheiben ab, legte zwei vor Thomas, zwei neben sich und sagte: Nach deiner Anstrengung gönne ich uns etwas mehr Margarine und einen ordentlichen Klacks Senf.

Der Vormund

Sechs Wochen lang war der Transport kreuz und quer gefahren, ehe sie an ein Ziel gelangten. Wenigstens vorläufig. Sie wurden in einem Lager am Rand der schwäbischen Stadt Wasseralfingen untergebracht; von dort sollten sie später auf die Städte und Dörfer im Land verteilt werden.

Endlich standen sie auf sicherem Grund. Endlich rüttelte der Boden nicht mehr unter ihnen. Endlich wurde der Tag nicht mehr danach eingeteilt, wo und wann der Zug anhielt. Vor Erschöpfung konnten sie sich kaum freuen.

Thomas eroberte, von Krücke vorbereitet und angewiesen, in einer der Baracken ein Stockbett ganz am Ende der langen Reihe von Betten. Jede Baracke bot ungefähr achtzig Leuten Platz. Krücke richtete sich im unteren Bett ein, Thomas im oberen.

Im Gang zwischen den Betten, die an den Wänden aufgestellt waren, standen lange Tische und Bänke. Ein paar Tage lang wurde da um Plätze gekämpft. An ihrem Tisch hatte Krücke dafür gesorgt, daß man sich rasch verständigte. Das Getöse in dem langgestreckten Raum war oft gewaltig. Die Leute brüllten, keiften, klagten; Kinder steckten sich gegenseitig mit ihrem Geheul an.

Aber es gab Annehmlichkeiten, die Thomas fast schon vergessen hatte. Sie bekamen regelmäßig warmes Essen. Sie konnten sich in der Waschbaracke, nachdem sie eine Weile angestanden hatten, duschen.

Thomas schloß sich einer Gruppe von Kindern an, die sich im Lager und in der näheren Umgebung schon auskannten. Da Diethelm, der Anführer, aus dem Riesengebirge stammte, nannten sie sich Rübezahlbande.

Sie streunten nicht nur einfach herum, sie sorgten dafür, daß es in der Baracke ordentlich warm war.

Das täglich zugeteilte Brennholz für den Eisenofen reichte nie aus. Es war schwierig, zusätzlich Holz zu ergattern. Die Obstwiesen in der Nähe des Lagers wurden von Bauern bewacht. Erwischten sie eines der Kinder, bekamen die »Aufsichtspersonen« Ärger mit der Lagerleitung; außerdem mußten die Missetäter mit einer Tracht Prügel rechnen. Darum durchstreifte die Rübezahlbande die Wälder. Auch das war nicht ungefährlich. Sie waren nicht allein, wenn sie nach Holz suchten, Tannenzapfen oder die übriggebliebenen Bucheckern sammelten. Ihre Funde wurden ihnen häufig von Älteren streitig gemacht. Manchmal stellten ihnen Feldschützen oder Förster nach. So konnte es vorkommen, daß sie ohne Ausbeute zurückkehrten und die Leute in der Baracke froren.

Eines Morgens weigerte sich Krücke, sein Bett zu verlassen. Thomas erschrak, als er nach ihm sah. Auf seiner Stirn perlte Schweiß, die Augen lagen tief in den Höhlen, und die Bartstoppeln sprossen so dicht, als habe sich Krücke seit Tagen nicht mehr rasiert.

Ein Gewicht schien auf seiner Brust zu lasten. Er sprach nur mühsam und abgehackt.

Laß mich bloß in Frieden, Tom. Sprich mich nicht an, frag

mich nicht, geh mir nicht auf die Nerven. Ich habe Schmerzen in drei Beinen und in zwei Köpfen.

Er ächzte und versuchte Luft zu holen.

Diese Scheißmalaria. Ich habe gehofft, sie bliebe noch eine Weile aus.

Wieder rang er nach Luft.

Die einzige Beute, die ich aus Rußland mitgebracht habe.

Kann ich dir helfen?

Ja, gib mir deine Decke. Ich friere wie ein Schneider.

Das war ein Krücke, den Thomas nicht kannte. Ein hilfloser Mann, der sich ohne Widerstreben umsorgen ließ.

Soll ich rüberlaufen in die Sanitätsbaracke?

Wart noch eine Weile!

Krücke wurde unter der doppelten Decke immer weniger. Er begann am ganzen Leib zu beben und mit den Zähnen zu klappern.

Thomas bekam es mit der Angst zu tun. Krücke reagierte gar nicht, als er aufstand und vom Bett fort schlich. Er rannte den Gang zwischen den Betten entlang, überquerte den Hof, redete laut mit sich selbst: Krücke ist krank, furchtbar krank, er hat Malaria, er hat Fieber. Wenn Krücke nur nicht stirbt. Wenn Krücke nur nicht stirbt!

Vor der Tür zur Lazarettbaracke machte sich ein Mann breit.

Thomas wollte an ihm vorbeischlüpfen, doch der packte ihn am Arm. Das tat weh.

Wo willst du hin?

Zum Doktor.

Fehlt dir was? Der Mann riß, ohne die Miene zu verziehen, Thomas den Arm auf den Rücken. Thomas schrie vor Schmerz auf.

Ich fragte dich, ob dir was fehlt.

Nein. Er schaffte es nicht, ein Stöhnen zu unterdrücken.

Sicher nicht?

Nein. Er hätte ihn treten oder um Hilfe rufen sollen. Er tat nichts, ließ sich von diesem Kerl einfach quälen.

Mein Onkel, sagte er.

Der Mann lachte. So so, dein Onkel …

Weiter kam er nicht. Die Tür öffnete sich. Eine Rote-Kreuz-Schwester sah sie fragend an.

Der Mann ließ Thomas los, nickte der Schwester zu und ging weg, als wäre nichts geschehen.

Die Schwester sah ihm mißbilligend nach. Ein ekelhafter Geselle, sagte sie. Dann wandte sie sich Thomas zu: Was hat er dir getan?

Nichts, es war nicht schlimm. Aber Krücke, sagte er, Krükke hat Malaria.

Krücke?

Dieser blöde Name, den er mochte und den andere nie begriffen. Mein Onkel, verbesserte er. Ich muß zum Doktor.

Der ist nicht da. Komm mal mit rein. Sie ging ihm voraus.

Im Flur roch es stark nach Medizin. Er hörte, wie sie fragend »Malaria« murmelte. So, als erfasse sie erst jetzt seine Auskunft. Sie machte auf dem Absatz kehrt, legte ihm die Hand auf die Schulter, die noch von dem Griff des Grobians schmerzte.

Wir schauen uns deinen kranken Onkel lieber gleich an. Wie heißt du?

Thomas.

Bring mich mal zu ihm, Thomas.

Der Besuch fiel kurz aus. Sie sah Krücke an. Er schlief. Schlimme Träume mußten ihn quälen. Er stöhnte, warf den Kopf hin und her. Manchmal, wenn er ausatmete, bildeten sich zwischen seinen Lippen Blasen aus Speichel.

Der Doktor wird gleich kommen, versprach sie. Und war schon fort.

Er kam, kurz darauf. Nicht allein, sondern in Begleitung zweier Sanitäter, die Krücke vorsichtig aus dem Bett auf eine Tragbahre hoben.

Thomas sah fassungslos zu. Was da geschah, durfte nicht wahr sein. Er träumte. Er träumte, daß sie Krücke aus der Baracke trugen, daß der Doktor bestimmte: Der Mann muß ins Krankenhaus nach Aalen. Er träumte, daß er sich schreien hörte. Er träumte, daß er in eine Falle von vielen Armen lief, die ihn umschlangen und festhielten, daß ihn diese Arme aufs Bett drückten und jemand unverständlich auf ihn einredete.

Hat er niemanden? hörte er eine fremde Stimme sagen.

Nein, schrie es in seinem Kopf.

Er soll sich erst einmal beruhigen, sagte die fremde Stimme. Wie aus einem Lautsprecher. Eine Hand faßte in sein Gesicht. Er preßte die Lider zusammen, dachte nicht daran, die Augen zu öffnen. Es durfte nicht wahr sein, was er beobachtet hatte. Die Hand drückte seine Backen, zwang ihn, den Mund zu öffnen. Bitterer Saft rann in seinen Gaumen. Er schluckte, hörte sich schlucken. Noch immer drückten ihn Arme auf das Bett, danach wurde er allmählich leichter, er hatte das Gefühl zu fliegen oder zu stürzen.

Nur widerwillig tauchte er aus dem tiefen Schlaf auf. Sein erster Gedanke war: Krücke! Wo, sagten sie, soll er sein? Das erste Wort, das er laut aussprach, war ebenfalls: Krücke.

Darauf bekam er eine merkwürdige Antwort: Mannomann! Er blinzelte.

Diethelm saß, flankiert von Freunden aus der Rübezahlbande, auf dem Bettrand und verfolgte mit Spannung sein Erwachen.

Mannomann, hast du lange geschlafen! Wie tot, kann ich dir sagen. Wir haben schon gedacht, die haben dir ein zu starkes Mittel eingeflößt. Aber Schwester Monika hat uns beruhigt. Eine Nacht und einen halben Tag! Mittagessen ist schon vorüber. Doch, beruhigend senkte Diethelm seine Stimme, wir haben deine Portion aufgehoben. Willst du gleich essen?

Nein, wirklich nicht. Und Krücke?

Seine Frage hatte merkwürdige Folgen. Wie auf ein Stichwort stellten sich alle Rübezahler rund um sein Bett, ein lebendiger Zaun, der ihn einschloß und schützte.

Diethelm zog aus seiner Hosentasche einen winzigen, gefalteten Zettel. Der ist von Krücke. Schwester Monika hat ihn gebracht und ihn uns überlassen, weil wir deine Freunde sind. Er gab Thomas den Zettel.

Thomas umschloß ihn mit der Faust.

Ehrenwort, wir haben ihn nicht gelesen, versicherte Diethelm.

Sie erzählten ihm, Krücke sei nicht der erste, der aus dem Lager ins Krankenhaus nach Aalen transportiert worden sei. Er könne ihn bald besuchen. Und Schwester Monika werde ihn morgen holen kommen, um mit ihm alles weitere zu besprechen. So habe sie gesagt.

Eifrig und erwartungsvoll standen sie um ihn herum. Aber er dachte bloß noch an Krückes Zettel. Den wollte er allein und ungestört lesen.

Ihr seid prima, sagte er, danke.

Die ganze Bande strahlte. Wieder erzählten sie durcheinander. Sie würden sich, solange Krücke im Krankenhaus liege, in der Arbeit aufteilen. Die eine Hälfte der Bande beschaffe Holz, die andere kümmere sich um ihn. Das sei doch klar.

Prima, sagte Thomas. Krückes Botschaft brannte in seiner Hand. Könnt ihr jetzt – ich?

Ich weiß, fiel ihm Diethelm ins Wort. Du willst Krückes Brief lesen. Thomas nickte. Die Freunde zogen im Gänsemarsch davon, Diethelm allen voran.

Es war gar nicht einfach, den Zettel aufzufalten. Er las: »Meine Schrift ist ein bißchen malariakrakelig. Ich hoffe Du kannst sie entziffern, lieber Tom. Mach Dir keine Sorgen. Es ist nicht mein erster Anfall. In ein paar Tagen bin ich über dem Berg. Vielleicht kannst Du mich mal besuchen kommen, Kumpel. Halte die Ohren steif und mir mein Bette frei. Dein oller Onkel Krücke.«

Er hörte Krücke sprechen. Jedes Wort machte ihm Mut. Er holte tief Luft und verspürte den Wunsch, ins Freie zu laufen.

In Windeseile zog er sich an, was Diethelm nicht entging. Als er aus der Baracke trat, die kalte Luft einsog, umgab ihn seine Leibgarde. Das fand er gut.

Keiner würde ihm etwas anhaben können.

Am nächsten Morgen fing ihn Schwester Monika auf dem Hof ab. Er könne gleich mitkommen. Sie müsse ihm einige Fragen stellen.

Jetzt? Warum ließ ihn selbst eine so freundliche und hilfsbereite Frau wie Schwester Monika nicht in Ruhe?

Ja, dann haben wir's hinter uns.

Dauert das lang?

Nein.

Er trottete neben ihr her, fragte sich, ob er ihr entwischen solle, redete es sich wieder aus, denn er wollte sich auf keinen Fall verdächtig machen.

In ihrem engen Büro, einem Bretterverschlag, in den mit Not ein Tisch, zwei Stühle und ein Aktenregal paßten, duftete es herrlich nach Äpfeln. Sie lagen in einer Schale auf dem Tisch.

Nimm dir einen und setz dich.

Seit Ewigkeiten hatte er nicht mehr in einen Apfel gebissen. Er kaute gierig, hätte sich beinahe verschluckt.

Schwester Monika sah ihm sonderbar ernst zu. Die sind aus unserem Garten. Du kannst dir nachher ein paar einstekken, wenn du willst.

Er kaute ein kaum verständliches Danke.

Endlich lächelte sie.

Paß auf, Thomas!

Wie zur Vorbereitung eines Verhörs schob sie Blätter auf dem Tisch hin und her.

Es geht um folgendes. Von neuem hielt sie inne, legte eines der Blätter zur Seite. Wir haben in den Listen des Roten Kreuzes entdeckt, daß du nach deiner Mutter suchst. Das stimmt doch?

Ja. Er würgte das letzte Stückchen Apfel hinunter.

Du hast eine Adresse in Wien als die deine angegeben. Hast du dort mit Krücke, ich meine, mit Herrn Wimmer gewohnt?

Warum sprach sie so unbeteiligt von Krücke, nannte ihn Herrn Wimmer. War das Absicht? Wollte sie ihn hereinlegen?

Ja, bei Bronka.

Wer ist denn das wieder?

Wie sollte er ihr das erklären. Er beschloß, so knapp wie möglich zu bleiben. Eine Freundin von Krücke. Von mir auch.

Gut. Sie schien sich zufriedenzugeben. Hast du inzwischen etwas über deine Mutter erfahren?

Nein. Vorsichtig geworden, fügte er noch hinzu: Wir haben ein paar Mal beim Roten Kreuz gefragt und uns in Wien auch abgemeldet. Bis wir irgendwo eine Wohnung haben, bekommt Bronka unsere Post.

Und dein Vater?

Der ist gefallen.

Und Krücke? Schwester Monika faltete die Hände, beugte sich ein wenig nach vorn. Ich darf ihn doch Krücke nennen? Klar.

Bist du mit ihm verwandt? Unmerklich hatte sie ihn in die

Enge getrieben. Er konnte nicht einfach schwindeln. Das würde ihr auffallen. Er würde rot werden und sich verheddern. Zögernd begann er: Ich bin schon lang mit ihm zusammen. Ganz lange, betonte er. Er sorgt für mich. Weil ich allein bin, bis wir Mama gefunden haben.

Während er sprach, schaute sie auf ihre Hände, womit sie ihm half und ihn zugleich verwirrte.

Ich habe dich etwas gefragt, Thomas. Du hast mir darauf noch keine Antwort gegeben.

Ja?

Ob du mit Krücke verwandt bist? Sie ließ nicht locker.

Er sah zum Fenster hinaus. Es schneite, zum ersten Mal in diesem Jahr.

Es schneit, sagte er leise.

Sie drehte sich kurz um, wandte sich aber gleich wieder ihm zu.

Er ist mein Onkel. Ihm fiel Krückes Brief ein, und wie er ihn unterschrieben hatte: Onkel Krücke.

So nennst du ihn?

Ja, Onkel Krücke. Meistens sage ich bloß Krücke zu ihm.

Er ist nicht dein richtiger Onkel, nicht wahr?

Wieso quälte sie ihn? Was hatte sie mit ihm und Krücke vor?

Doch. Er sagte es voller Trotz. Wenn ihn Schwester Monika auch für einen Lügner hielt, von diesem Moment an war Krücke sein richtiger Onkel, und er sollte es für immer bleiben.

Sie stemmte sich mit beiden Händen vom Tisch ab, stand

seufzend auf, trat ans Regal, zog einen Ordner heraus, blätterte.

Thomas wartete mit gesenktem Kopf.

Bist du freiwillig mit ihm gegangen?

Das versteh ich nicht. – Klar.

Sie stellte sich hinter ihn. Ihre Nähe war ihm unangenehm. Er zog die Schultern zusammen.

Ihr habt euch getroffen, miteinander geredet. Es ist ja vorstellbar, daß er dich in irgendeiner Weise gezwungen hat, mit ihm zu gehen. Aus irgendeinem Grund.

Er dachte: Die spinnt ja. Die hat überhaupt keine Ahnung. Er schüttelte heftig den Kopf. Nein. Ich wollte. Ich habe Krücke lieb. Er ist mein Onkel. Das ist wahr.

Und er hat veranlaßt, daß du deine Mutter suchst?

Ja.

Sie kehrte zurück an ihren Platz und sah ihm in die Augen. Kennt Krücke deine Mutter?

Nein, sagte er und hätte sich sogleich zerreißen können vor Wut.

Das ist aber komisch. Wenn er, wie hier steht, mit der Schwester deiner Mutter verheiratet ist, müßte er sie doch kennen.

Ja, sagte er, preßte die Lippen zusammen. Die dumme Gans sollte denken, was sie wollte. Er hatte einen schlimmen Fehler gemacht, sie hatte ihn hereingelegt. Das würde ihm nicht mehr passieren.

Sie sprach jetzt über seinen Kopf weg, so als ginge es nicht bloß um ihn: Wir haben die Anweisung, Waisenkinder oder

Kinder, die ohne Eltern oder Verwandte bei uns im Lager eintreffen, zu melden. Für sie muß ein Vormund bestellt werden. Verstehst du? Das wird auch bei dir so sein müssen.

Nein! Er zwang sich, sitzen zu bleiben, nicht davonzurennen. Sie durfte seine Angst nicht merken. Er preßte die Beine zusammen, aber seine Hände machten sich selbständig und rieben wie verrückt die Tischkante.

Krücke ist mein Onkel, ich brauch das alles nicht, auch keinen Vormund.

Gut, sagte Schwester Monika. Solange Krücke im Krankenhaus liegt, verlegen wir dich in Baracke 3. Dort bist du besser aufgehoben. Und findest Kinder, denen es ähnlich ergangen ist wie dir. Außerdem sorgen drei Schwestern für euch.

Nein! Nun war es egal, nun konnte er abhauen. Er sprang auf, sie sah ihn erstaunt an. Er schüttelte den Kopf, riß die Tür auf, rannte los. Schneeflocken wehten ihm ins Gesicht, tauten auf der Haut und vermischten sich mit Tränen. Wenn nur Krücke käme, sagte er vor sich hin.

Diethelm und die Rübezahler nahmen ihn gleich auf dem Hof in Empfang. Er brauchte nicht viel zu erzählen.

Die wollen mich in irgendeine beschissene Kinderbaracke stecken. Das kann doch nicht wahr sein.

Thomas verschanzte sich oben in seinem Stockbett. Diethelm und den Rübezahlern gelang es in kürzester Zeit, die ganze Baracke zu alarmieren. Leute, die Thomas nur vom Sehen kannte, kamen zu ihm, streichelten ihn. Er solle sich nicht aufregen. Er werde bei ihnen bleiben, bis Krücke aus dem Spital zurück und die Sache geregelt sei. Vorher geschehe nichts mit ihm. Dafür würden sie alle sorgen.

Sie hielten ihr Versprechen.

Als Schwester Monika und der Lagerleiter erschienen und auf das Bett von Thomas zusteuerten, stellten sich ihnen Erwachsene und Kinder in den Weg, vorne die Rübezahlbande. Thomas zog die Decke bis zur Nase und lag steif wie ein Brett.

Wir wollen zu Thomas, hörte er Schwester Monika.

Eine Männerstimme antwortete, ruhig und entschieden. Ich weiß. Sie wollen ihn umquartieren. Das müssen Sie nicht. Wir alle hier werden uns um ihn kümmern, solange Krücke im Krankenhaus bleiben muß.

Ja? fragte Schwester Monika. Sie schien zu zweifèln.

Da keiner mehr sprach, setzte sich Thomas auf und konnte gerade noch verfolgen, wie der Lagerleiter die Tür hinter sich zuzog. – Ein Wunder war geschehen.

Diethelm riß die Arme hoch und brüllte: Wir haben es geschafft!

Weißt du, wer da so dufte für mich gesprochen hat? fragte er Diethelm.

Das kann ich dir sagen, bekannte der stolz, das war mein Opa. Ein toller Hecht, was?

Drei Tage danach durfte er Krücke im Krankenhaus besuchen. Schwester Monika begleitete ihn. Er hatte sich geweigert, auch nur in ihre Nähe zu kommen. Diethelms Großvater überredete ihn. Gegen uns kann sie nichts tun. Wir wissen Bescheid.

Der Doktor nahm sie im Auto mit. Schwester Monika erzählte, sie habe sich inzwischen schon ein paar Mal mit Krücke unterhalten. Es gehe ihm nach diesem schweren Anfall schon wieder erstaunlich gut.

Der Doktor parkte das Auto vor einem ausgebrannten Haus. Auf einem Pfad zwischen eingestürzten Mauern erreichten sie das Krankenhaus.

Krücke saß erwartungsvoll im Bett. Sein Kopf war kleiner, noch vogelähnlicher geworden, seine Brust wirkte schmal und eingefallen.

Thomas sah, was er bis jetzt für ganz und gar unmöglich gehalten hatte. Krücke heulte. Er heulte ansteckend.

Schwester Monika und der Doktor verließen schleunigst das Krankenzimmer. Die Patienten in den anderen Betten taten so, als wären er und Krücke nicht vorhanden.

Krücke nahm ihn in die Arme. Er roch fremd. Nicht nach Tabak, Schweiß oder Rasierseife, sondern unheimlich sauber. Thomas klammerte sich an Krücke und dachte, jetzt kann die Schwester Monika nichts mehr gegen uns ausrichten. Nichts.

Sanft schob Krücke ihn von sich und wischte sich mit dem Taschentuch das Gesicht ab.

Wir zwei Heultrudeln, sagte er. Das geht zu weit. Er lachte trocken auf. Lieber Himmel, was gäbe ich für eine Zigarette. Aber hier ist Paffen nicht erlaubt.

Er musterte Thomas. Wir haben nicht viel Zeit, Tom. Was ich dir jetzt sage, ist wichtig. Gestern habe ich ausführlich mit Schwester Monika gesprochen. Sie hat mir von dir erzählt. Du hast dich wunderbar gehalten, Junge. Aber ich habe ihr nichts verschwiegen. Sie weiß nun alles. Wir können zusammenbleiben, bis du deine Mutter wiedergefunden hast. Nur müssen wir uns in unserem zukünftigen Wohnort sofort melden, damit ein Vormund für dich bestimmt wird. Dies könnte vielleicht auch ich sein.

Du?

Krücke lächelte. Die Falten in seinem Gesicht fingen an, kreuz und quer zu laufen. Siehst du, so kann aus einem Schandmaul ein Vormund werden.

Sie lachten so laut, daß Schwester Monika neugierig zur Tür hereinschaute.

Es ist Zeit, mahnte sie. Komm, Thomas, verabschiede dich von Krücke. Und wir beide können, glaube ich, Frieden schließen.

Unterwegs nach Bethlehem

Die Rübezahlbande schmolz auf wenige Köpfe zusammen. Beinahe jeden Tag zogen größere Gruppen aus dem Lager zum Bahnhof. Dieses Mal wußten sie, wo sie ankommen, wo sie vielleicht ein Zuhause finden würden. Trotzdem füllten sich die Baracken in dem Maße auf, wie sie sich leerten. Ständig liefen neue Züge ein. Jeder Rübezahler wurde ausgiebig verabschiedet. Bevor der Zug anfuhr, schworen sie sich, einander nicht zu vergessen und sich, sobald sie die neue Adresse erfahren hatten, zu schreiben.

Nachdem Diethelm und seine Familie aufgebrochen waren, bestimmten die restlichen Rübezahler Thomas zum Häuptling. Aber er verlor bald den Schwung. Ihm fehlte es an Feuer und Laune. Er zog sich lieber auf seinen Hochsitz, das Stockbett, zurück und grübelte und träumte, dachte sich mit Krücke aus, wo sie schließlich landen würden.

Sie erfanden lauter Ortsnamen mit der im Schwabenland üblichen Endung *-ingen* und überboten sich gegenseitig in tollkühnen Wortbildungen.

Überunteringen!

Nein, Schwappüberdingen.

Was hältst du von Zipflingen?

Da finde ich Fieslingen besser.

Oder Nirgendwolingen.

Krücke seufzte. Da werden wir wohl am Ende anlangen.

Er spielte neuerdings mit sich selber Karten, legte Patiencen. Mit den anderen Skatbrüdern hier kriege ich doch bloß Krach, sagte er. Weil ich ein paar Tricks mehr kenne. Ich schummle, behaupten sie.

Ab und zu sah auch Schwester Monika nach ihnen. Wenn sie Zeit hatte, ging sie mit Krücke spazieren. Thomas war sicher, daß Krücke sich in sie verliebt hatte. Er sagte es ihm auch: Du, ich glaube, du hast dich verknallt!

Krücke bestritt es: Nein, Tom, das ist mein Schwesternknacks. Den holte ich mir während meiner langen Lazarettzeit. Sobald ein gestärktes Häubchen auftauchte, begann ich automatisch Süßholz zu raspeln. Nicht, weil ich auf einen Flirt aus war. Im Gegenteil! Weil es eine Menge Drachen unter ihnen gab, die ich auf diese Weise zähmte.

Obwohl der Ofen in der Baracke glühte, wurde es kaum warm. Die älteren Lagerbewohner verließen ihre Betten so gut wie nicht mehr.

Die Lagerleitung sorgte für warme Kleidung aus den Beständen des ehemaligen Winterhilfswerks.

Krücke ersetzte seine irrwitzige Jacke durch einen viel zu weiten knöchellangen Mantel, den ein räudiger Pelzkragen zierte. Begeistert führte er ihn Thomas vor, drehte sich, klopfte den Staub aus dem Stoff.

Es ist kaum zu fassen, sagte er, so bekommt der Wahnsinn unseres Adolf, des größten Feldherrn aller Zeiten, sogar noch Methode. Was uns in Rußland nicht erreichte, wird uns nun im friedlichen Wasseralfingen nachgereicht. Strategie wollen wir das lieber nicht nennen.

Thomas ergatterte ein Paar feste Stiefel, deren Spitzen er

mit Papier füllen mußte, und außerdem eine gefütterte Windjacke, die, was Krücke nicht glauben wollte, wie angegossen saß.

Du hast eine Normalfigur. Pimpfenmaß!

Wenn Krückes Witz bitter wurde, floh Thomas. Da mochte er ihn nicht. Da tat er ihm weh.

Schwester Monika bereitete sie auf Weihnachten vor. Sie schmückte den Tisch in der Baracke mit Tannenzweigen und kurzen, dicken Kerzen. Womit sie bei Krücke wenig Anklang fand. Er habe es verlernt, solche Feste zu feiern. Jede Feierlichkeit mache sich bei ihm nur durch einen Knödel im Hals und miese Laune bemerkbar.

Schwester Monika ließ sich nicht beirren. Es sei die erste Friedensweihnacht. Das solle er doch bedenken.

Auch das noch! Krücke faltete die Hände, hob scheinheilig den Blick zur Decke. – Wie tief gefühlt. Nur fragen Sie mich nicht, wo ich meine letzte Kriegsweihnacht verbracht habe. Und wie.

Sie konnte ihn nicht umstimmen, brauchte es auch nicht mehr.

Krücke kamen die unsichtbaren Organisationen, die großen Verteiler zur Hilfe. Niemand hatte mehr damit gerechnet, daß noch vor Weihnachten Transporte eingesetzt würden. Doch es mußte wohl Platz geschaffen werden: Am 18. Dezember war es für Krücke und Thomas soweit. Ihr Reiseziel kannten sie: Weißlingen.

Es sei eine kleine Stadt am Neckar, wußten sie von Schwester Monika. Da hätten sie es nicht übel getroffen. Der Ort sei vom Krieg verschont geblieben. Sicher fände Krücke dort ohne größere Umstände Arbeit. Und Thomas könne endlich wieder zur Schule gehen.

Dann ging alles wieder einmal viel zu schnell!

Dann redeten wieder einmal alle durcheinander.

Dann wurde gepackt und Abschied genommen.

Am frühen Morgen zogen sie in einem Pulk über den Hof. Der Schnee knirschte unter den Schuhen. Der Hauch stand in Wölkchen vor den Mündern. Schwester Monika hatte es sich nicht nehmen lassen, sie zu begleiten. Thomas kam es vor, als laufe er in einen alten Traum hinein. Wie auf der ersten langen Fahrt wurde alles wieder ein wenig unwirklich. Er fühlte sich vogelfrei und unverletzbar.

Der Transport bestand dieses Mal nur aus fünf Waggons. Da sie nicht aufgerufen wurden und sich ihren Wagen wählen konnten, besetzte Thomas ohne jedes Gerangel eine Ecke.

Es blieb sowieso Platz genug, was Krücke veranlaßte, die großzügige Transportleitung zu loben. Die wollen den Weihnachtsmann nicht verärgern, spottete er. Um diese Zeit bekommen sogar Schreibstubenhengste Gefühle.

Schwester Monika gab Krücke, bevor er sich mit Hilfe von Thomas in den Wagen zog, einen dicken Kuß.

Sie hat ihn doch gern, dachte Thomas.

Als der Zug anruckte, saßen sie schon eingerollt in ihre Decken. Die Luft gerann zu einem Eisblock.

Ich bin gespannt, wie die uns am Ende der Fahrt auftauen. Ob mit Heißluft oder mit Bunsenbrenner.

Thomas kannte Krücke nun schon gut genug. Es war ihm

klar, daß er den Tag über kein Wort mehr verlieren würde und sich zu einer Art Winterschlaf entschlossen hatte. Vielleicht, dachte er, fürchtet sich Krücke davor, daß ihn jemand liebgewinnt. Es ist so wie mit dem Auftauen. Ganz aufgetaut werden möchte er nicht.

Thomas konnte nicht schlafen. Er war viel zu aufgeregt. Irgendwann würde der Zug anhalten, für immer, sie würden aus dem Wagen klettern und bleiben. In einem Zimmer, in einer Wohnung, in einem Haus. Es gäbe keine Lager mehr, keinen Transportleiter.

Aber der Zug nahm sich Zeit. Er trödelte, wurde häufig von Haltesignalen aufgehalten.

Es begann wieder zu schneien. Die feinen Flocken stäubten durch die Ritzen zwischen den Planken. Da jeder ihnen zu entgehen versuchte, gab es im Waggon eine ständige Bewegung. Nur Krücke lehnte regungslos in seiner Ecke.

Wie ein Indianer, fand Thomas, oder wie ein alter Trapper. Wahrscheinlich entgeht ihm nichts. Doch jeder denkt, er pennt.

Gegen alle Erwartungen landeten sie dann doch noch gegen Abend auf einem Abstellgleis am Rande des Bahnhofes von Weißlingen. Es war ein kleiner Bahnhof, wohlerhalten, sauber und unzerstört.

Die Leute im Waggon rafften ihre Sachen zusammen. Jeder drängte hinaus aus diesem schneeverkrusteten, unwirtlichen Gehäuse, in der Hoffnung auf ein warmes Quartier.

Sie wurden böse enttäuscht.

Betreuer, die hilflos auf der Rampe hin und her liefen, trösteteten sie. Diese eine Nacht müßten sie noch im Wagen zubringen, so bedauerlich das auch sei. Morgen würden sie in einer Schule untergebracht. Dort würden sie alles weitere erfahren, dann würden ihnen auch Zimmer und Wohnungen zugeteilt.

Viele vergruben sich entmutigt unter Mänteln und Decken, andere schimpften, weigerten sich, wieder in den Waggon zu steigen.

Krücke mischte sich nicht ein. Die Aufregung schien ihn eher zu beleben.

Komm! Er schubste Thomas, erhob sich, fluchte über die steif gewordenen Glieder, schlug den Mantelkragen hoch und zog die Mütze in die Stirn.

Was hat es für einen Sinn, um eine Nacht zu feilschen? Wir sind da. Immerhin. Also gucken wir uns mal in Weißlingen um.

Niemand hielt sie auf. Sie spazierten durch dunkle, verlassene Gassen. Wenige Straßenlaternen gaben Licht. Nicht ein einziges Haus war zerstört. Hier hatte der Krieg keine Spuren hinterlassen. Thomas fühlte sich mit einem Mal fremd und schmutzig und ausgesetzt. Ob es Krücke ähnlich ging?

Sie überquerten einen Platz, in dessen Mitte ein eiserner Brunnen stand. Er gab kein Wasser. Sicher war er wegen der Kälte abgestellt. Der ganze Ort wirkte wie stillgelegt, wie vereist. Niemand war unterwegs. Die Häuser säumten mit ihren geschlossenen Fensterläden finster und abweisend die Straßen.

Als sie am Ende einer Gasse endlich Licht erblickten, fingen sie an zu rennen. Es zog sie an, versprach ihnen Wärme, Leben.

Sie erreichten aufatmend einen Platz, der Thomas in Erstaunen versetzte. Er war nicht groß. Alte, mächtige Gebäude umschlossen ihn. Das Licht zweier Laternen verlor sich im ausladenden Geäst eines riesigen Baumes. Ihm begegnete ein anderes Licht, das vielfarbig und unglaublich festlich aus den Fenstern einer Kirche strömte, die mit dem Chor zum Platz stand.

Thomas hatte den Eindruck, als ob der hochaufragende Bau schwimme, ein Schiff, das nicht nur leuchtete, aus dem auch Musik und Stimmen drangen.

Krücke lehnte sich gegen den Baum und nahm die Mütze ab, als habe er die Kirche schon betreten. Der unerwartete Anblick brachte ihn zum Reden: Junge, Junge, auf welchen Stern hat es uns verschlagen. In welche Zeit haben wir uns verirrt? Ist nicht eben noch geschossen worden? Saßen wir nicht gerade noch in einem Viehwagen und hielten uns dennoch für Menschen? Ist das denn möglich? Da latschen wir durch eine Stadt, deren Bewohner uns wahrscheinlich fürchten wie die Pest. Sie haben ihre Häuser verrammelt und wollen uns nicht sehen, wollen nichts von uns wissen. Sie proben für den Heiligen Abend, unsere zukünftigen Wirte!

Sollen wir reingehen? fragte Thomas.

Nein, entschied Krücke. Wir stören ihren Seelenfrieden. Lieber bei Tage, wenn man sich in die Augen sehen kann. Wenn die Fensterläden nicht mehr geschlossen sind.

Ohne Eile schlenderten sie zurück. Krücke erstattete den

Leuten im Waggon auf seine Art Bericht. Sie kämen soeben von einem anderen Stern, sagte er. Ob man es ihm und Tom nicht ansehe? Mit den Bewohnern hätten sie allerdings keinen Kontakt aufnehmen können. Die hielten entweder Winterschlaf, oder sie hüteten sich vor fremden Eindringlingen. Zum Schluß sagte er, sich die Hände reibend: Ein Freudenfeuer haben sie unseretwegen auf alle Fälle nicht angezündet. Also richten wir uns darauf ein, daß es noch eine Weile recht kalt bleibt.

Am anderen Tag wurden sie in die Schule verlegt.

Freundliche, Schwäbisch sprechende Betreuer, die sie kaum verstehen konnten, schrieben ihre Namen auf, versorgten sie mit Eintopf und Pfefferminztee.

Den Tag darauf siedelten sie in eine andere Schule um. Krücke stellte befriedigt fest, daß sie besser geheizt sei. Wir machen Fortschritte, sagte er.

Am 22. Dezember kam Krücke aus dem Büro, in dem sie verwaltet wurden, mit einem Zettel zurück und las feierlich vor: *Zeishäuserstraße 12, Wagner, Kieswerk.* Das, mein Lieber, ist unsere neue Anschrift. Unter der sind wir zukünftig für Verwandte, Freunde, Behörden, Gläubiger und insbesondere für Bronka zu erreichen. Wir sind, versicherte man mir, angemeldet – darum brechen wir jetzt auf und melden uns.

Sie mußten nicht alles Gepäck schleppen. Was sie nicht tragen könnten, würde ihnen noch im Laufe des Tages mit dem Fuhrwerk gebracht. Das war, wie Thomas herausgefunden hatte, ein von zwei Kühen gezogener Pritschenwagen.

Krücke fand dieses Gespann keineswegs absonderlich.

Kühe, mein Lieber, sind nicht kriegstauglich, verstehst du. Pferde dagegen wurden von der Wehrmacht beschlagnahmt. Die meisten davon sind mittlerweile verreckt oder aufgefressen.

Das Haus stand am Rande eines kleinen Sees. Da wird Kies gebaggert, sagte Krücke.

Der See war gefroren. Ein paar Kinder liefen Schlittschuh.

Thomas fragte sich, wer jetzt seine Schlittschuhe benützte. Erst mit diesem Gedanken wurde ihm klar, daß die Wohnung in Brünn sicher nicht leer stand. Inzwischen waren bestimmt Fremde eingezogen. Vielleicht hatte sich ein Junge wie er in seinem Zimmer eingerichtet und entdeckte irgendwann die Schlittschuhe im Vorzimmerschrank.

Vor der Haustür holte Krücke tief Luft. Lassen wir uns überraschen. Gejubelt oder gemault wird später!

Er klingelte. Da sich nichts rührte, klingelte Krücke nach einer angemessenen Pause ein zweites Mal.

Jetzt hörten sie im Haus Türen schlagen, Stimmen. Die Tür ging nur einen Spalt auf. Sie sahen in ein rundes, freundliches Frauengesicht. Der runde Mund öffnete sich nur wenig zu einem Geräusch, auf das sie keine Antwort wußten.

Was wellet Se?

Wir – Krücke setzte an. Er kam nicht weiter. Die Frau verengte den Spalt zwischen Tür und Rahmen zu einem Sehschlitz und gab von neuem dieses Geräusch von sich, um eine Spur verständlicher: Was wellet Se?

Wir sind Ihnen zugewiesen worden. Mein Name ist Eberhard Wimmer. Das ist Thomas.

Des schtemmt.

Nur widerstrebend öffnete die Frau.

Wagner, murmelte sie. Doch sie dachte keineswegs daran, sie in ihre Wohnung zu führen, sondern bat sie, im Flur auf einer Bank Platz zu nehmen.

Sie kommet onders Dach. Und sie versicherte ihnen, sie müßten nicht lange warten.

Sie warteten ewig. Herr Wagner kam, besichtigte sie aus gebührlichem Abstand, murmelte einen Gruß. Kinder liefen vorbei, starrten Krücke und Thomas an, als hätten sie Giraffenhälse und lila Haare. Thomas, der sie nicht auseinanderhalten konnte, war am Ende der Überzeugung, daß es mindestens ein Dutzend Wagnerkinder geben mußte.

Allmählich beruhigten sich ihre unfreiwilligen Gastgeber. Hinter verschlossenen Türen wurde palavert.

Krücke streckte sein Bein aus. Freundlich würde ich diesen Empfang nicht eben nennen! Vielleicht wollen die uns gar nicht haben, mein Lieber. Weihnachten steht ja vor der Tür. Wenn die uns rausschmeißen, spiele ich den Josef und du die Maria.

Und das Jesuskind?

Das ist immer dabei.

Wie meinst du das, Krücke?

Da Herr Wagner auftrat, kam Krücke nicht dazu, ihm das zu erklären. Herr Wagner wünschte Krückes Ausweis zu sehen.

Sie trauen uns nicht? Krücke reichte ihm den Ausweis.

Herr Wagner erwiderte mit einem ähnlichen Geräusch wie

zuvor seine Frau: M'r ka nia wissa, und verschwand samt Ausweis.

Die Zeit dehnte sich. Immerhin wurden sie durch vielfältige Geräusche aus den benachbarten Zimmern unterhalten.

Krücke bewahrte nur noch mühsam die Ruhe. Sein Bein begann vor- und zurückzuschnellen.

Bestimmt, dachte Thomas, schmerzt ihn jetzt sein Phantom.

Frau Wagner erlöste sie. Sie sagte: In Ordnung, und war zum ersten Mal zu verstehen. Nachdem sie Krücke den Paß zurückgegeben hatte, geleitete sie die beiden »Zugewiesenen« unters Dach.

Krücke mußte sich bücken, als er durch die Tür in eine Kammer trat, die so breit war wie lang. Je drei Schritt. Die wenigen Möbel bedrängten sich gegenseitig. Es war Thomas rätselhaft, wie sie hier unterkommen sollten, wenn nicht einer sich in den windschiefen Schrank zurückzog.

Krücke schien anderer Meinung zu sein. Offenbar stimmte ihn die Verzweiflung heiter.

Ein Bett, ein Schrank, ein Tisch und ein Stuhl, stellte er fest. Wenn das nichts ist! Nur – lächelnd wandte er sich Frau Wagner zu –, nur fehlt ein zweites Bett und, ich will meine Wünsche nicht übertreiben, vielleicht auch ein zweiter Stuhl.

Frau Wagner, die sich auf den Flur zurückgezogen hatte, wußte Rat: Eine zweite Matratze liege im Bett, samt Bettwäsche, und die könne für die Nacht auf den Boden gelegt werden. Ein zweiter Stuhl sei nicht nötig, da einer auf dem Bett Platz habe. Der Ofen sei im übrigen angeheizt.

Wie großzügig! Krücke verbeugte sich, holte, auf den Stökken hängend, sachte Schwung und trat ebenso sachte die Tür zu. Dann ließ er sich aufs Bett fallen, zündete sich eine Zigarette an, schaute suchend um sich, nickte sichtlich zufrieden: Ich müßte mich wundern, wenn sich hier ein Aschenbecher fände.

Sie richteten sich ein, so gut es ging.

Krücke entwickelte am nächsten Tag eine undurchschaubare Betriebsamkeit. Thomas hatte er beauftragt, den Schrank einzuräumen und in der Bude soviel freien Raum wie möglich zu schaffen.

Krücke kam und ging. Offenbar zog er Frau Wagner ins Vertrauen. Thomas hörte, wie sie im Flur aufeinander einredeten. Dauernd unterbrach Krücke sie mit einem freundlichen und hartnäckigen: Was sagten Sie eben?

Allmählich begriff Thomas: Krücke bereitete Weihnachten vor. Er tat es auf seine Weise. Er organisierte. Selbst in Weißlingen mußte er schon auf »Quellen« gestoßen sein. Immer, wenn er mit blaugefrorenem Gesicht zurückkehrte, war sein Leinenbeutel prall gefüllt. Die Reichtümer verstaute er in einem Karton und verbot Thomas hineinzuspicken. Einem Hamster schaut auch keiner in die Backe, sagte er.

Thomas mußte nicht gemahnt werden. Er wollte sich überraschen lassen. Er hoffte, daß Krücke weiter so lustig und umtriebig blieb, ihn ablenkte von einer Traurigkeit, die ihn immer heftiger ergriff und gegen die er sich nicht wehren konnte. Die ganze Zeit hatte ihm Mutter nicht gefehlt. Er hatte darauf vertraut, sie bald wiederzusehen. Nun sehnte er sich nach ihr. Diese Sehnsucht breitete sich schmerzhaft in seiner Brust aus, so sehr, daß er Mühe hatte zu atmen. Er nahm sich vor, Krücke nichts merken zu lassen. Doch der ließ sich nicht täuschen, wußte längst Bescheid.

Als sie in der Dunkelheit nebeneinander lagen, Krücke erhöht im Bett und Thomas unten auf der Matratze, fing Krükke an zu reden: Schläfst du schon, Tom? Eine blöde Frage. Ich weiß ja, daß du wach liegst und an die Decke starrst, die du nicht siehst. Das ist so eine Sache mit den Festen. Da kann man an einem Abend, der auch noch Heiliger Abend genannt wird, um ein paar Jahre älter werden, weil man plötzlich spürt, daß man, selbst unter Menschen, allein ist, weil man sich nach jemandem sehnt, der nicht da ist, den man liebt. So ist es doch, nicht wahr?

Krückes Hand fuhr suchend den Matratzenrand lang, erwischte das Ohrläppchen von Thomas und begann dann, seine Backe zu reiben.

Es schadet nicht, wenn du traurig bist. Nur das vorzeitige Altern möchte ich dir abnehmen. Ginge es nach mir, wäre der Abend morgen einer wie jeder andere auch. Zufällig trostlos, zufällig heiter. Aber es geht nach dir, und jetzt schläfst du. Und wenn du ins Kissen heulen mußt, dann heul für mich mit. Trotzdem kannst du dich auf morgen ein bißchen freuen.

Krücke hatte beschlossen, den Heiligen Abend zum Heiligen Tag auszudehnen. Lauter kleine Feste, trompetete er beim Aufstehen. Lauter Überraschungen und Glückseligkeiten!

Es begann mit dem Frühstück. Krücke machte sich am

Ofen zu schaffen, hatte einen Topf aufgesetzt, indem es brodelte, aus dem es duftete. Schnupper mal, Tom! Setz dich, schließ die Augen. Erwarte Paradiesisches!

Seine Hamstergänge hatten sich gelohnt. Aus Trokkenmilch und einem Stück Schokolade zauberte er ein Getränk, für das es, wie er feierlich erklärte, noch keinen Namen gab. Untersteh dich, diesen Trank Schokolade zu nennen. Du wärst ein Banause und ich wörde jöglichen Verköhr mit dör einstöllen. Er redete wie ein wildgewordener Opernsänger. Sie schlürften, sie lobten dieses Labsal, und Krücke verkündete den nächsten Feierpunkt: Jetzt hüllen wir uns in unsere Pelze. Natürlich räumen wir erst den Tisch ab, wie es sich für zivilisierte Fahrensleute gehört. In die Pelze also! Und stelle dich auf einen längeren Marsch ein. Wir suchen nämlich den Gemeindewald heim und klauen dort ein Christbäumchen.

Schon stand Krücke in seinem schlotternden Mantel, die Mütze schräg und verwegen auf dem Kopf, vor Thomas: Sollten wir von Förstern, Polizisten oder anderen Amtspersonen gefaßt werden, steht uns ein weiterer, allerdings nicht geplanter Programmpunkt bevor – der Knast.

Ach, Krücke! Thomas stieß liebevoll mit dem Kopf gegen Krückes Brust.

Unterwegs erklärte Krücke die Gegend, wobei es offenblieb, ob er in der kurzen Zeit tatsächlich schon so viel über sie in Erfahrung gebracht hatte, oder ob er schlicht und einfach phantasierte:

Den Hügel, den wir eben mühelos erklimmen, nennen die Einheimischen Galgenberg. Hier wurden noch unlängst Diebe, Mörder, Hexen, Fremde und Figuren wie wir, also Christbaumklauer, bedenkenlos, gnadenlos aufgehängt. Schwergewichtige kamen mit dem Leben davon, da die sparsamen Weißlinger nur gebrauchte, mürbe Stricke verwendeten. Siehst du – Krücke wies mit dem Stock auf eine Bodenwelle im Schnee –, da stürzten sie vom Galgen und hinterließen solche Dellen, im Volksmund Galgenplumpser genannt.

Das glaub ich nicht, Krücke.

Laß es bleiben.

Auf der Hochfläche trieb ihnen der Wind winzige Eisnadeln ins Gesicht. Ziemlich mitgenommen erreichten sie den Wald und begannen, nach einem Bäumchen zu suchen.

Krücke bestand darauf, jedes halbwegs gerade gewachsene Tännchen zu schonen und einen kleinen Krüppel auszusuchen, der in seinem Baumleben doch nichts zu feiern habe. Kurz darauf stießen sie auf ein solches Exemplar: nicht ganz kniehoch, struppig und gekrümmt. Ganz nach Wunsch, sagte Krücke.

Der Rückenwind trieb sie geradezu nach Hause, wo Krükke den Baum in einen schon bereitgestellten, mit Erde gefüllten Blumentopf steckte.

Geschmückt wird später, sagte er und sprang so geschäftig in der Bude umher, daß Thomas sich aufs Bett flüchtete und von da aus seine Taten verfolgte.

Krücke geriet ins Rasen. Er holte im Bad Wasser, füllte einen Topf, stellte ihn auf den Ofen, blies ins Feuer, atmete schwer, kramte aus dem Karton Kartoffeln, schälte sie mit Schwung, schnitzelte sie klein, behauptete, ganz zufällig neben den Kartoffeln eine Wurst entdeckt zu haben, biß den Zipfel ab, kaute, verdrehte die Augen, schnitt die Wurst in Scheibchen, warf die Kartoffeln ins Wasser, warf die Wursträdchen nach, schnüffelte in dem Dampf, guckte immer wieder auftrumpfend zu Thomas, salzte, pfefferte, hatte sogar ein Tütchen Paprika zum Würzen ergattert und lud – so fand das Kochspiel ein Ende – Thomas zu einem beispiellosen, für diese Zeit überhaupt einmaligen und für spätere Zeiten legendären Kartoffelgulasch ein.

Es schmeckte fabelhaft.

Ach, Krücke.

Nach dem Essen verordnete Krücke Bett- und Feiertagsruhe, die er ihm aber mit einem Geschenk im voraus versüßen wolle.

Meine bloß nicht, Kumpel – er fischte aus dem unerschöpflichen Karton ein Buch, überreichte es Thomas –, daß du diese Gabe ohne jede Verpflichtung erhältst. Um meinen Schlaf nicht zu stören, liegst du gefälligst eine Stunde still auf deiner Matratze. Damit es dir leichter fällt, kannst du lesen.

Das tat Thomas. Er legte sich auf den Bauch und schlug das Buch auf. Er las die erste Seite, die zweite, vergaß Krücke, vergaß sogar das Fest und verfolgte mit seinem neuen Freund Emil Tischbein* den flüchtigen Taschendieb.

Krücke riß ihn in die Wirklichkeit zurück: Spar dir etwas für den Abend auf, Tom. Unser Bäumchen wartet darauf, geschmückt zu werden.

* Emil Tischbein – so heißt die Hauptfigur in »Emil und die Detektive« von Erich Kästner

Zu Hause durfte er beim Schmücken nie dabeisein und den Baum erst sehen, wenn die Lichter brannten.

Krücke kramte aus dem Karton ein paar Buntpapier-Sterne, eine vergoldete Nuß und zwei Kerzen. Wir müssen alles so kunstvoll verteilen, daß es richtig üppig aussieht.

Was sie, fand Thomas, auch schafften. Mit hängenden Armen standen sie vor dem Bäumchen. Krücke versuchte eine andächtige Miene zu ziehen, sah aber eher verzweifelt aus.

Und nun? fragte Thomas, um ihm aus seiner Verlegenheit zu helfen.

Nun gehen wir hinunter und wünschen der vielköpfigen Kiesgrubenbesitzerfamilie Wagner frohe Weihnachten und sind gespannt, was sie davon hält.

Frau Wagner bat sie in die Küche, redete, wohl aus Verlegenheit, viel, schnell und unverständlich und hielt Thomas auffordernd einen Teller hin, auf dem Kekse gehäuft lagen.

Fröhliche Weihnacht, sagte sie, auch wenn d'Omschtänd net danach send. Und die Guetsle lasset euch guet schmecke.

Sie bedankten sich. Einen der anderen Wagners bekamen sie nicht zu Gesicht.

Weißt du, was das sind? fragte Thomas, als er den Teller unter den Baum stellte.

Krücke machte den Mund rund und röhrte: Guetsle.

Sie schmeckten herrlich und stimmten Krücke nachdenklich: Wahrscheinlich ist Frau Wagner ein herzensguter Mensch. Nur sind wir bei ihr einquartiert worden, als so eine Art Nachhut von Hitlers Krieg, fremd und ziemlich abgerissen. Wie können wir beide von ihr verlangen, daß wir willkommen sind?

Krücke knipste, als habe er die letzten Sätze eines Theaterstücks gesprochen, das Licht aus. Sie standen im Dunkeln. Zünd die Kerzen an, Tom, bat er leise. Die Streichhölzer liegen auf dem Fensterbrett.

Im Schein der zwei Kerzen wuchs der Krüppelbaum und wurde schön. Sie schauten und schwiegen. Krücke legte seinen Arm um die Schulter von Thomas und schwankte etwas auf seinem Bein. Nach einer Weile sagte er: Wir haben es doch ein bißchen gemütlicher als die im Stall von Bethlehem.

Er ließ Thomas los.

Nun wird eine Überraschung die andere jagen. Setz dich und schließ die Augen!

Thomas hörte ihn hin und her hüpfen. Papier raschelte. Metall schlug gegeneinander.

Du darfst wieder gucken!

Genau vor ihm, auf dem Tisch unter dem Bäumchen, lagen Schlittschuhe. Sie blitzten im Kerzenlicht und sahen ganz und gar unwirklich aus. Vorsichtig faßte er nach ihnen.

Krücke sog aufgeregt an der Zigarette: Na?

Danke, sagte Thomas. Er machte die Augen wieder zu. Hinter den geschlossenen Lidern glitzerten die Schlittschuhe weiter.

Von fern tönte Musik.

Jetzt dreh ich durch, dachte Thomas.

Die Musik kam näher, wurde lauter, Krückes Stimme

mischte sich ein: Die zweite, riesengroße Überraschung! Ein Geschenk Krückes für Tom und Krücke.

Thomas glotzte ungläubig auf den kleinen Kasten – ein Radio!

Wie hast du das geschafft, Krücke?

In dem Kasten begannen Glocken zu läuten.

Eine so ordinäre Frage, mein Lieber, hätte ich dir nicht zugetraut.

Aber ...

Beruhige dich. Das Radio ist nicht geklaut, nicht organisiert. Ich hab es mir gepumpt.

Das glaub ich dir nicht, Krücke.

Krücke setzte sich aufs Bett. In seinen Augen spiegelten sich winzig die beiden Lichter. Ob du's glaubst oder nicht. An diesem Abend, der ein heiliger sein soll, müßtest du es glauben.

Sie hörten Radio. Sie aßen mit Genuß Frau Wagners Guetsle. Und nachdem sie die Matratze für die Nacht gerichtet hatten, las Thomas weiter.

Spät löschte Krücke das Licht.

Du, sagte Thomas, es war schön heute.

Das fand ich auch.

Thomas sagte ihm aber nicht, daß alle Überraschungen und Freuden den Schmerz in seiner Brust nicht gelindert hatten.

Gute Nacht, Krücke.

Gute Nacht, Tom. Morgen kannst du deine Schlittschuhe ausprobieren.

Abschied

Im Lauf von acht Monaten wechselten sie viermal das Quartier. Krücke nannte die Wohnungen nach den Jahreszeiten. Die *Winterbude* bei Wagners. Die *Frühlingsbleibe* bei dem Bauern in Neckarstotzingen, wo Thomas die Grundvokabeln des Schwäbischen lernte und Krücke sich im Milchtrinken versuchte. Das *Sommerzimmer* unterm Dach in der Marktstraße, in dem Krücke an der Wäscheleine große Tabakblätter trocknete. Und die richtige, endgültige Wohnung, der *Herbstpalast* in der Jusistraße. Er bestand aus zwei Zimmern, einer Kochnische und einem eigenen Klo, was sie als unüberbietbaren Luxus feierten. Und auf das sich Krücke in den ersten Tagen zu unendlich langen Sitzungen zurückzog.

Thomas ging nun schon ein halbes Jahr zur Schule. Er hatte einen Freund gefunden. Gert, mit dem er herumstrolchte, gemeinsam lernte. Krücke feuerte ihn an. Er habe zwar in dem schulfreien Jahr eine Menge vom Leben gelernt, doch Mathe, Englisch und Latein müsse er schleunigst nachholen.

Anfangs fiel es Thomas schwer, sich für längere Zeit allein in seinem Zimmer aufzuhalten. Er saß lieber bei Krücke herum oder suchte das Weite, streunte allein oder mit Gert durch die Stadt. Noch immer steckte die Unrast der langen Fahrt in ihm.

Krücke hatte Arbeit gefunden. Bei seinen häufigen Besuchen auf dem Wohnungsamt sei er den Leuten, vermutete er, so auf den Wecker gefallen, daß sie ihn gleich dabehalten hätten. Wie oft hatte er sich wütend über Bürohengste ausgelassen. Jetzt war er selber einer.

Für sie beide bedeutete es allerdings eine große Hilfe. Krücke gelang es nämlich, sich mit dem Jugendamt zu einigen. Thomas durfte nun auch »amtlich« bei Krücke bleiben.

Von Mutter hörte er nichts. Sie war verschollen. Krücke erkundigte sich regelmäßig beim Roten Kreuz und kam jedesmal ohne jede Nachricht nach Hause.

Sie wird sich melden, Tom, bald. Irgendwann muß auch sie irgendwo ankommen. Wie wir. Dann wird sie nach dir suchen.

Manchmal träumte Tom von Mutter. Aber ihr Gesicht blieb, auch wenn sie näher kam, undeutlich, wie verwischt. Krücke sagte er davon kein Wort. Womöglich konnte er dann auf den Gedanken kommen, daß er Mutter mehr mochte als ihn. Vielleicht war das auch so. Und wieder nicht. Denn er brauchte Krücke und hatte ihn sehr gern.

Auch wenn er ab und zu mit ihm stritt, vor allem wenn es darum ging, wer in der Kehrwoche die Treppe wischen oder wer das Geschirr abtrocknen sollte. Auch wenn er manchmal bis tief in die Nacht wach lag, auf Krücke wartete, der beschwipst nach Hause kam und sich über seine Ängste lustig machte. Auch wenn Krücke ihm immer wieder vorwarf, er sei faul und unordentlich, und sich dennoch weigerte, seine Hausaufgaben nachzusehen.

Das waren Kleinigkeiten. Sie kamen gut miteinander aus, vertrauten einander. Sie hatten ein Zuhause, den Herbstpalast. Sie waren endlich angekommen.

Und doch nicht.

Als sich mit nassem Schnee der Winter ankündigte, beinahe ein Jahr seit ihrer Ankunft verstrichen war, ging mit Krücke etwas vor.

Erst nahm Thomas an, daß das häßliche Wetter ihm aufs Gemüt schlage und er vielleicht Schmerzen in seinem Phantombein verspüre. Aber dafür benahm sich Krücke viel zu verrückt und zu unverständlich. Es gehe ihm beschissen, erklärte er, das stimme, aber es fehle ihm nichts.

Er riß Thomas aus einer Überraschung in die andere. Einmal quälte er ihn mit stundenlangem Schweigen, dann wieder lud er ihn ins Kino ein und redete auf dem Heimweg ohne Punkt und Komma. Einmal nahm er ihn ohne Grund in die Arme, streichelte ihn, dann wieder warf er mit dem Kochlöffel nach ihm und schimpfte ihn einen liederlichen Knallkopf, auf den kein Verlaß sei.

An einem Abend hielt es Thomas nicht mehr aus. Er hätte schreien, mit den Fäusten auf Krücke eintrommeln wollen.

Krücke war von der Arbeit nach Hause gekommen, pünktlich wie immer. Nur grüßte er nicht und fragte nicht wie sonst, was Thomas getrieben und erlebt habe. Nichts, kein Wort. Er ließ das Bein über den Boden schleifen, als seien die Krücken kürzer geworden. Wortlos wärmte er das Abendessen. Wortlos saß er bei Tisch. Wortlos räumte er ab. Thomas sah ihm zu und traute sich nicht, ihn anzusprechen. Er fürchtete, Krücke könnte in ungeheuere Wut geraten, denn er sah gefährlich und traurig zugleich aus. Bleich, dunkle Ringe unter den Augen, die Haare strähnig in der Stirn. Wahrscheinlich, dachte Thomas, hat er im Amt Quatsch gemacht. Irgendeinen schlimmen Fehler.

Krücke zog den Stuhl ganz nah zu dem Schränkchen, auf dem das Radio stand, schaltete es ein. Es wurde ernste Musik gesendet. Krücke schloß die Augen.

Thomas war sicher, daß er gar nicht hinhörte. Daß er über etwas nachdachte. Auf Zehenspitzen schlich er sich in sein Zimmer. Er legte sich aufs Bett, versuchte zu lesen, grübelte, fand keine Erklärung für Krückes Zustand. So hatte er ihn noch nie erlebt. So abweisend, so verletzt und verschlossen.

Nebenan spielte noch immer die getragene und feierliche Musik, Krückes Trauermusik.

Thomas schlüpfte unter die Decke. In seinem Zimmer gab es keinen Ofen. War die Tür zu, wurde es schnell kalt. Ihm fielen Sätze aus Bronkas Brief ein, den sie vor ein paar Tagen bekommen hatten. In ihm verabschiedete sie sich. Sie reise mit der nächsten Kinderfuhre ins Gelobte Land, nach Jerusalem. Sie habe vor, dort zu bleiben. Speziell für Krücke hatte sie ein paar besonders liebe Sätze geschrieben. Thomas wußte sie beinahe auswendig: »Daß Du Tom wie Deinen Augapfel schützen wirst, weiß ich. Doch auf Dich selber mußt Du aufpassen, Du mir liebster Einbeiner unter allen Zweibeinern. Du glaubst, Deine Kraft ist unerschöpflich und Dein Löwenherz wird nie schwach. Ich will Dir diesen Glauben nicht nehmen, möchte Dich nur bitten, dennoch mit Deinen Kräften hauszuhalten. Wenn Du es nicht für Dich tun willst, dann tu es für uns. Wir haben Dich nötig.«

Thomas sprach den letzten Satz laut vor sich hin. Warum dachte Krücke nicht wie er an Bronkas Brief, dann würde er sich nicht so aufführen. Er wiederholte Bronkas Sätze, redete mit ihnen gegen die Musik im anderen Zimmer an, gegen den fremd gewordenen Krücke. Mit den Sätzen auf den Lippen schlief er ein.

Eine Hand weckte ihn. Sie lag auf seiner, fuhr ganz leicht hin und her. Er träumte nicht. Es mußte Krücke sein. Krücke war nach diesem schrecklichen Abend doch noch zu ihm gekommen.

Krücke?

Ja.

Geht's dir nun besser?

Ja.

Was ist denn los? Hast du Krach mit deinem Chef?

Krücke lachte in sich hinein, das Bett bebte mit. Aber nein. Der könnte mich mal.

Fühlst du dich krank?

Ja, so ähnlich. Wund, innen drin wund. Rutschst du mal ein Stückchen zur Wand und gibst mir etwas von deiner Decke ab? Ein Eiskeller ist nichts gegen deine Bude.

Krücke schob sich neben ihn. Die Hand von Thomas ließ er nicht los.

Nur auf dem Transport, wenn sie fürchten mußten zu erfrieren, waren sie zusammen unter die beiden Decken geschlüpft und hatten sich gegenseitig gewärmt. Seither nie wieder. Es wäre Thomas auch komisch vorgekommen. In dieser Nacht brauchten sie sich wieder wie damals.

Wir haben dich nötig, flüsterte Thomas. Er lag auf dem Rücken und spürte den Arm von Krücke.

Bronka übertreibt, brummte Krücke.

Nein. Es stimmt. Das kannst du gar nicht beurteilen.

Kann ich nicht? Krücke holte tief Atem.

Nein. Thomas zögerte, er suchte nach dem richtigen Wort. Er durfte Krücke nicht verärgern oder verletzen.

Warum sagst du, daß du wund bist?

Ich wollte dir erst morgen alles erklären. Ich halte es nicht aus. Er drückte die Hand von Thomas so fest, daß es ihm weh tat. Ich habe dir etwas verschwiegen, Tom, und ich fühle mich in deiner Schuld, komme mir wie ein Schwein vor. Sag nichts. Hör einfach zu, wenn du kannst. Seit zwei Wochen weiß ich es. Seit zwei Wochen trage ich es mit mir herum, frühstücke mit dir, esse mit dir zu Mittag, verbringe die meisten Abende mit dir und hätte es dir längst sagen müssen. Doch ich gefühlsduseliger Trottel wollte dich diese zwei Wochen noch für mich haben.

Thomas verschlug es den Atem. Darum also wußte sich Krücke nicht mehr zu helfen. Er hatte Ärger mit dem Jugendamt. Wahrscheinlich durfte er ihn nicht länger behalten. Er setzte sich auf. Ist es was mit dem Amt? Muß ich weg?

Krücke zog ihn wieder aufs Kissen. Nein. Ich hab keinen Stuß mit dem Amt, es ist mit uns zufrieden. Aber weg mußt du. Zu deiner Mutter.

Zu Mutter?

Krückes Hand schloß sich fest und doch sehr sacht um seinen Arm. Thomas lag still. In seinem Kopf purzelten Gedanken und angefangene Sätze durcheinander. Das ist nicht wahr, dachte er. Krücke hatte gesagt: Zu Mutter. Vielleicht hatte er es gar nicht gesagt, vielleicht bilde ich es mir nur ein.

Ich weiß es seit zwei Wochen. Krücke sprach leise, stokkend, als lese er eine Geschichte vor, die er noch nicht kannte. Auch sie hat dich suchen lassen. Durch unsere Suchmeldung kam das Rote Kreuz in München auf dich. Da wohnt jetzt deine Mutter. Ich habe mit ihr telefoniert. Wir haben ausgemacht, daß wir uns morgen – nein, es ist ja schon heute, verbesserte sich Krücke – in Stuttgart auf dem Bahnhof treffen und sie dich gleich mitnimmt.

Eine Stimme in seinem Kopf rief: Mama! Es war die des Jungen in Kolin, der außer sich vor Verzweiflung durch die Menschenmenge irrte. Er freute sich und empfand zugleich große Angst. Gehst du mit?

Klar, ich bringe dich nach Stuttgart.

Thomas drehte sich zu Krücke und legte den Arm über seine Brust. Ich meine, nach München?

Nein, Tom. Ich habe hier Arbeit. Deine Mutter will dich nach der langen Zeit bestimmt für sich haben.

Nun verdrängten Traurigkeit und Angst die Freude. Er drückte sich an Krücke. Sehen wir uns dann nie wieder?

Unsinn. Ich werde dich besuchen kommen. Dich und deine Mutter. Und wir werden uns Briefe schreiben. So komme ich alter Grashüpfer dazu, mal über mich nachzudenken. Das ist doch was.

Nichts half. Daß er Krücke reden hörte, daß er nah an ihn heranschlüpfte, daß er ihn nach seinem Phantombein fragte.

Auf keinen Fall wollte er heulen, aber es brach aus ihm heraus. Es tat weh und es tat gut. Und es machte müde. Schon im Halbschlaf, merkte er, daß Krücke sich immer wieder mit dem Ärmel übers Gesicht wischte. Er heult auch, dachte er.

Krücke ließ ihn schlafen, weckte ihn erst, als es Zeit war. Der Koffer stand gepackt.

Deine Decke darfst du nicht vergessen. Bronkas Reisegabe. Willst du sie selber zusammenrollen, wie auf dem Transport? Er konnte es so flink wie damals, war nicht aus der Übung gekommen.

Sein ganzer Körper spannte. Als er neben Krücke herlief, schmerzte ihn jeder Schritt.

Der Zug fuhr pünktlich ein. Es blieb ihnen noch eine Dreiviertelstunde. Sie saßen nebeneinander im Abteil. Immer wieder schaute er Krücke von der Seite an. Der schwieg, kaute auf seiner Zigarette. Es drängte Thomas, mit Krücke zu sprechen, ihm zu sagen, wie toll er ihn findet, wie lieb er ihn hat. Krückes beharrliches Schweigen und die Aufmerksamkeit der Leute, die mit ihnen im Abteil saßen, ließen es nicht zu. Er wagte es auch nicht, nach Krückes Hand zu fassen.

Bevor der Zug hielt, standen sie bereits an der Tür.

Krücke stieg zuerst aus.

Thomas folgte ihm, nahm den Koffer, die Decke.

Er hörte einen kurzen Schrei, dann sah er sie. Sie hatte sich überhaupt nicht verändert. Sie kam einfach wieder zurück, nachdem sie für eine Weile fortgewesen war. Jetzt lief auch er. Er rannte in sie hinein. Sie fing ihn auf, roch vertraut, sprach mit einer Stimme, die er vermißt, von der er geträumt hatte.

Sie wiegte ihn. Groß bist du geworden, sagte sie. Gut siehst du aus, sagte sie. Mein Gott, sagte sie.

Es dauerte unendlich lang, bis sie ihn losließ.

Er sah nach Krücke. Der war verschwunden. Krücke! schrie er.

Mutter hielt ihn fest. Er wollte es so, Thomas. Wir haben es so besprochen. Er wollte dir den Abschied nicht erschweren, dein Krücke.

Sie sagte »dein Krücke«.

Wir haben verabredet, daß er uns bald besuchen kommt.

Wirklich?

Ja. Sie fuhr ihm mit der Hand über den Kopf, vorsichtig, als müsse sie es erst wieder lernen.

Wir haben noch viel Zeit, bis unser Zug fährt. Vielleicht finden wir im Wartesaal einen Platz für uns. Und damit uns die Zeit vergeht, mußt du mir erzählen. Alles.

Ja, sagte er. Und er dachte: Plötzlich habe ich ihn gesehen, plötzlich hüpfte er auf seinen Krücken vor mir her. Da war es sehr warm.

Bücher von Peter Härtling

Alter John

Roman. Bilder von Renate Habinger
Gebunden, 108 Seiten (80584), Gulliver Taschenbuch (78035) *ab 10*
Seit Alter John bei den Schirmers ist, passiert jeden Tag etwas! Denn Alter John hält alle und jeden in Atem. Aber Alter John wird auch krank, und eines Tages stirbt er.

Ben liebt Anna

Roman. Bilder von Sophie Brandes
Gebunden, 80 Seiten (80551), Gulliver Taschenbuch (78001) *ab 9*
Der neunjährige Ben liebt Anna, das Aussiedlermädchen. Und auch Anna hat ihn eine Weile sehr lieb. Es ist für beide eine schöne, aber auch schwierige Zeit.
Zürcher Kinderbuchpreis »La vache qui lit«
Auswahlliste Deutscher Jugendliteraturpreis

Das war der Hirbel

Erzählung. Bilder von Christa aus dem Siepen
Gebunden, 64 Seiten (80229), Gulliver Taschenbuch (78218) *ab 9*
Seit Hirbel denken kann, lebt er bei fremden Menschen. Seine Mutter kümmert sich nicht um ihn, und er hat gelernt, in Heimen zu leben.
Auswahlliste Deutscher Jugendliteraturpreis

Fränze

Roman. Bilder von Peter Knorr
Gebunden, 112 Seiten (80033), Gulliver Taschenbuch (78170) *ab 11*
Fränze, die gern Geige spielt, muß miterleben, wie schwer es ihre Eltern miteinander haben; ihr Vater ist arbeitslos und zieht aus. Fränze möchte helfen, aber wie?

Jakob hinter der blauen Tür

Roman. Bilder von Sabine Friedrichson
Gebunden, 104 Seiten (80197), Gulliver Taschenbuch (78073) *ab 10*
Nach Vaters Tod kommt Jakob mit sich und seiner Umwelt nicht mehr zurecht. Er macht dumme Streiche und verkriecht sich in eine Phantasiewelt.

Bücher von Peter Härtling

Lena auf dem Dach

Roman. Gebunden, 136 Seiten (79614) *ab 12*
Seit Lena weiß, daß sich ihre Eltern trennen wollen, ist sie wie aus allen Träumen gerissen. Lena und ihr Bruder protestieren heftig. Und sie ist empört, weil ihre Eltern nicht mit ihr reden wollen ...

Mit Clara sind wir sechs

Roman. Bilder von Peter Knorr
Gebunden, 152 Seiten (80081) *ab 10*
Das Haus, in dem die fünf Scheuers wohnen, ist ein bißchen eigenartig. Aber bei den Scheuers ist immer etwas los. So richtig spannend wird es, als Clara, das jüngste Scheuer-Kind, geboren wird.

Oma

Erzählung. Bilder von Peter Knorr
Gebunden, 96 Seiten (80065), Gulliver Taschenbuch (78101) *ab 8*
Die Geschichte von Kalle, der seine Eltern verliert und von seiner Großmutter aufgenommen wird.
Deutscher Jugendbuchpreis

Theo haut ab

Roman. Bilder von Peter Knorr
Gebunden, 128 Seiten (80064), Gulliver Taschenbuch (78014) *ab 8*
Eines Tages läuft Theo weg, und es passiert viel, ehe er zurückkommt. Zum Glück findet er unterwegs einen Freund.

Jette

Roman. Gebunden, 112 Seiten (79683) *ab 12*
Eines Tages freundet sich Jette mit dem alten Buchhändler, Herrn Topf, an. Sie staunt, was dieser bücherverrückte Mann alles zu erzählen weiß, von Tom Sawyer, dem kleinen Muck und Jettchen Gebert. So öffnet sich eine ganz neue Welt für Jette. Bis ein furchtbarer Verdacht aufkommt ...

Beltz & Gelberg
Beltz Verlag, Postfach 10 01 54, 69441 Weinheim

Erzählte Geschichte

Karla Schneider
Die abenteuerliche Geschichte der Filomena Findeisen
Roman. Gebunden, 360 Seiten (80006), Gulliver Taschenbuch (78230) *ab 12*
Dresden, 1813. Es ist Krieg, doch zugleich der Beginn einer innigen und zärtlichen Freundschaft zwischen Filomena und Pruna, der Kunstreiterin. Es ist das Jahr ihrer abenteuerlichen Reise mit den Gauklern.

Mildred D. Taylor
Donnergrollen, hör mein Schrei'n
Roman. Aus dem Amerikanischen von Heike Brandt
Gebunden, 236 Seiten (80137), Gulliver Taschenbuch (78071) *ab 12*
Mississippi, Anfang der dreißiger Jahre. Cassie und ihre Familie kämpfen um ihren Landbesitz, der ihnen von den Weißen streitig gemacht wird. »Dieses spannende Jugendbuch ist ein Schlüsselwerk zum historischen Verständnis der Rassendiskriminierung in den USA.«
Buxtehuder Bulle

Tatjana Wassiljewa
Ab jetzt zählt jeder Tag
Roman. Gebunden, 216 Seiten (79647) *ab 12*
Die 13jährige Tanja läßt Rußland und ihre Kindheit hinter sich, als sie nach Deutschland verschleppt wird, wo sie als Zwangsarbeiterin im »Dritten Reich« das Kriegsende erlebt. In ihrer klaren, schlichten Sprache erzählt die Autorin von Dingen, die geschehen sind. Ein bewegender Roman, der vom Mut zum Überleben handelt.

Arnulf Zitelmann
Unterwegs nach Bigorra
Abenteuer-Roman aus dem frühen Mittelalter
Mit einem Nachwort von Hermann Schefers
Gebunden, 304 Seiten (79655) *ab 12*
Zitelmann erzählt von Itta, der Christin, dem Juden Jakob und dem Muslim Sahnun, von ihrer Freundschaft und ihrem langen Weg durch Frankreich im Jahre 732.

Erzählte Geschichte

Margaret Klare
Heute nacht ist viel passiert
Geschichten einer Kindheit
Mit einem Vorwort von Peter Härtling
Gebunden, 96 Seiten (80030), Gulliver Taschenbuch (78159) *ab 12*
1938–1946, eine Zeit mit Bomben, Angst und Hunger, voller Leid und Trauer. Doch auch in solchen Zeiten spielen und lachen Kinder. Das Kind, das diese Geschichten erzählt, erlebt alles mit wachen Augen und tief im Herzen.

Klaus Kordon
Brüder wie Freunde
Roman. Gebunden, 192 Seiten (79512), Gulliver Taschenbuch (78046) *ab 10*
»Kinderbibliothek«
Die fesselnde Geschichte von den Brüdern Frank und Burkhard spielt in den ersten Nachkriegsjahren. Bald jedoch muß Frank lernen, sich ohne den großen Bruder zurechtzufinden. »Obwohl es von einem nichts beschönigenden Realismus ist, beglückt dieses Buch ... Ein Wunschtraum von einem Kinderroman.« *Frankfurter Allgemeine Zeitung*
Auswahlliste Deutscher Jugendliteraturpreis

Billi Rosen
Andis Krieg
Erzählung. Aus dem Englischen von Heike Brandt
Gebunden, 152 Seiten (80036), Gulliver Taschenbuch (78147) *ab 12*
Andi und ihr Bruder Paul leben bei der Großmutter, seit die Eltern als Partisanen in den Bergen kämpfen. Dabei ist der große Krieg längst vorbei. Doch in Griechenland geht der Kampf weiter. Er wird auch zum Krieg der Kinder. Der große Schmerz, den Andi erleiden muß, bleibt unvergessen – wie überhaupt dieses Kinderbuch jedem Leser unvergeßlich sein wird.
Auswahlliste Deutscher Jugendliteraturpreis

Cordula Tollmien
Fundevogel
oder Was war, hört nicht einfach auf
Roman. Gebunden, 256 Seiten (80044), Gulliver Taschenbuch (78185) *ab 12*
Dresden 1945/46. Elisabeth steht eines Tages auf der Straße und wird von der Familie Winter aufgenommen. Ein poetischer, warmherziger Roman über eine Kindheit in einer schwierigen Zeit. »Was kindliche Leser (und erwachsene) nachhaltig berühren kann, ist Mut zum Leben.« *Die Zeit*

Beltz & Gelberg
Beltz Verlag, Postfach 10 01 54, 69441 Weinheim